消防安全要知道丛书

防火要知道

侯延勇 著

青海人民出版社
·西宁·

图书在版编目（CIP）数据

防火要知道 / 侯延勇著 . -- 西宁：青海人民出版社，2024.8
（消防安全要知道丛书）
ISBN 978-7-225-06693-6

Ⅰ.①防… Ⅱ.①侯… Ⅲ.①消防－安全管理－中国 Ⅳ.①D631.6

中国国家版本馆 CIP 数据核字 (2024) 第 048746 号

消防安全要知道丛书

防火要知道

侯延勇　著

出 版 人	樊原成
出版发行	青海人民出版社有限责任公司
	西宁市五四西路 71 号　邮政编码：810023　电话：（0971）6143426（总编室）
发行热线	（0971）6143516/6137730
网　　址	http://www.qhrmcbs.com
印　　刷	西安五星印刷有限公司
经　　销	新华书店
开　　本	890mm×1240mm　1/32
印　　张	7.25
字　　数	115 千
版　　次	2024 年 8 月第 1 版　2024 年 8 月第 1 次印刷
书　　号	ISBN 978-7-225-06693-6
定　　价	29.80 元

版权所有　侵权必究

目 录

第一章 概述   **001**
     一、火的功与过   003
     二、防火胜于救火   004
     三、火灾可防可控   006
     四、清醒认识消防工作   007
     五、消除火灾隐患——献给亲朋邻里的爱   008
     六、十个案例说明火灾离你有多近   009

第二章 火灾趋势分析   **013**
     一、引发火灾的原因分析   013
     二、火灾与季节的关系   015
     三、城乡火灾发生的比例   016
     四、火灾多发场所分析   017
     五、电气类火灾持续增加   019
     六、夜间火灾的危险性更大   021
     七、住宅火灾死亡人员年龄特征   022
     八、高层住宅火灾比例大幅上升   024

第三章 以防为主 防消结合 　　　　　　　　　　026

一、基础工作要做好　　　　　　　　　　　026
二、具体工作要落实　　　　　　　　　　　028
三、依法开展消防管理工作　　　　　　　　029
四、常备不懈 备而不用是一种境界　　　　030

第四章 燃烧概述　　　　　　　　　　　　031

一、燃烧的定义和可燃物的危险特性　　　　031
二、燃烧的基本条件　　　　　　　　　　　034
三、燃烧的五种表现形式　　　　　　　　　041

第五章 关于火灾　　　　　　　　　　　　045

一、火灾的六大类型　　　　　　　　　　　047
二、火灾的四个等级　　　　　　　　　　　048

第六章 火灾发生的常见原因　　　　　　　049

第七章 防火思路　　　　　　　　　　　　051

第八章 防火的有效手段　　　　　　　　　053

一、做好日常消防检查和火灾隐患整改　　　054
二、防火十法　　　　　　　　　　　　　　055
三、防火工作的重要篇章——电气焊等用火作业的防火　　057

第九章　家庭防火　063

一、家庭火灾的主要危险因素　064

二、提高家庭成员的防火意识　067

三、控制明火火源　防止家庭火灾　069

四、禁放区域严禁燃放烟花爆竹　074

五、燃放孔明灯也能引发火灾　076

第十章　家电防火　080

一、家用电器的防火要点　080

二、加强电气防火检查　084

三、手机充电及使用充电宝时的防火注意事项　086

四、使用电热设备取暖的防火注意事项　092

五、使用电熨斗的防火注意事项　093

六、电视机的防火注意事项　096

七、使用电热毯、电暖宝的防火注意事项　097

第十一章　燃气防火　100

一、家用燃气基本知识　102

二、燃气泄漏的处置原则　107

三、家用燃气的安全使用要点　109

第十二章　食、住、行的防火　111

一、确保消防通道畅通　111

二、厨房烹饪防火要点　114

三、楼房火灾特点　116

四、楼房住户防火要点　　117
　　五、高层建筑防火　　119
　　六、外出度假家庭防火要点　　122

第十三章　公众聚集场所的消防安全　　124
　　一、公众聚集场所防火　　128
　　二、公共娱乐场所防火　　133

第十四章　人员密集场所消防安全　　135
　　一、机关、团体、企业、事业单位的消防工作　　136
　　二、校园防火　　141

第十五章　仓储防火　　155
　　一、做好仓储物流企业的火灾防范工作　　158
　　二、仓储消防安全责任人职责　　160
　　三、仓储保管员消防安全职责　　161
　　四、仓储火源管理　　162
　　五、仓储消防设施和器材管理　　164

第十六章　交通运输工具消防常识　　166
　　一、车辆着火原因分析　　166
　　二、家用小轿车火灾多发　　167
　　三、引发汽车自燃的八大因素　　170
　　四、防止汽车自燃的七个要点　　171
　　五、汽车发生自燃的征兆　　174

六、定期做好车辆保养，防止车辆自燃　　176

　　七、规范操作防止车辆自燃　　179

　　八、配备消防器材并熟练掌握检查和使用方法　　180

第十七章　其他交通工具的火灾预防　　181

　　一、电动车（新能源车）火灾预防　　181

　　二、高（地）铁和旅客列车的火灾预防　　188

　　三、客运船舶的火灾及预防　　195

　　四、客运飞机的火灾及预防　　199

第十八章　森林草原防火　　202

　　一、认识森林草原火灾　　203

　　二、森林草原火灾的危害　　207

　　三、森林草原火灾的成因　　209

　　四、森林草原火灾的特点　　213

　　五、森林草原火灾的损失　　214

　　六、森林草原火灾的预防　　219

第一章　概述

　　社会生活中,火灾是威胁公共安全、危害人们生命财产安全的重大灾害之一。众所周知,水火无情,火灾的危险性极大。民间对火灾危害的认识是"火灾猛于虎,火过人财空""贼偷一半,火烧全光"。

一、火的功与过

　　火的使用极大地促进了人类的进化和发展，在人类发展历史上具有划时代的意义。但火在给人类带来文明和幸福、不断促进人类物质文明发展的同时，也同样带来灾难和痛苦。失去控制的火会烧毁人类创造的物质财富，甚至危及人的健康和生命。

　　在人类发展的历史长河中，火，燃尽了茹毛饮血的历史；火，点燃了现代社会的辉煌；火，给人类带来文明与进步、光明和温暖，但是，失去控制的燃烧——火灾，带给人类的却是灾难。

二、防火胜于救火

众所周知,发生了火灾事故,要"亡羊补牢",避免进一步的损失,但这是事后补救,毕竟已经造成了损失。

东汉荀悦《申鉴·杂言》中有一段话:"进忠有三术:一曰防,二曰救,三曰戒。先其未然谓之防,发而止之谓之救,行而责之谓之戒。防为上,救次之,戒为下。"可见,前人对于消防工作的认识是非常先进的。

防火相当于拒敌于国门之外,救火类乎于聚歼入侵之敌。防为上,救次之

随着社会的不断发展，火以及与火相关的各种能源被广泛地开发利用，与之相伴的火的能量失控——火灾的发生次数和造成的损失也在逐年增加，防火科学技术的重要性逐渐被社会公众所接受。

《中华人民共和国消防法》第二条明确指出，我国消防工作贯彻"预防为主、防消结合"的方针，按照政府统一领导、部门依法监管、单位全面负责、公民积极参与的原则，实行消防安全责任制，建立健全社会化的消防工作网络。

消防安全工作，必须牢固树立"防为上"的思想。只有把防范工作做得扎实有效，才能避免事故灾难的发生。

三、火灾可防可控

　　火灾已经成为人们生活中发生频率最高、损失和影响最大的一种灾害。

　　分析发现，火灾的诱发因素大多与人的行为失当有关。预防火灾、减少损失的最佳途径就是增强公众消防安全意识，尊重科学、重视安全，提高人们面对灾害的自救能力。

　　日常生活和工作中，需要多一分责任和警惕，少一点麻痹和冷漠。火灾，是可防可控的。

四、清醒认识消防工作

火灾不可避免,但防范可以在先。

"预防火灾和减少火灾的危害"是对消防工作意义的总体概括,它包括了两层含义:一是做好预防火灾的各项工作,防止发生火灾;二是一旦发生火灾,就应当及时、有效地进行扑救,减少火灾的危害。

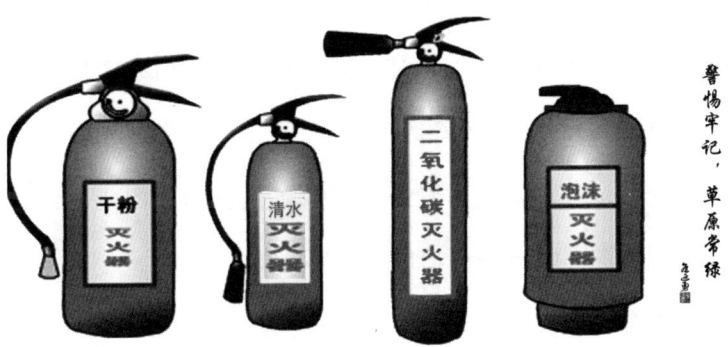

五、消除火灾隐患——献给亲朋邻里的爱

众所周知,"水淹一条线,火烧一大片"。

火灾,不仅给当事者身心带来创伤,也对家庭财产造成损失,使至亲伤心难过。甚至会殃及四邻,给左邻右舍带来无法预料的精神、身体伤害和严重的经济损失。

曾记否,多少个商业一条街被个别商户因疏忽大意引发的火灾烧成一片白地;多少人付出半生辛苦买来并装修好的新家,入住不久,就被"因某户个别人粗心大意、忘记关闭燃气开关造成燃气泄漏、爆炸"变成"酥楼""脆楼"。

所以,必须要提高警惕,加强防火意识,切莫存有侥幸心理,图一时方便而造成害人害己的后果。

消除火灾隐患就是献给亲朋邻里的爱。

六、十个案例说明火灾离你有多近

案例一：

2012年8月26日凌晨2时许，某市境内的包茂高速公路化子坪服务区南出口200米处，一辆双层卧铺客车追尾一辆装运危险化学品的罐车，35吨甲醇发生燃爆，客车被烧成骨架，车上39人仅幸存3人，36人死亡。

案例二：

2012年8月27日上午10时5分，某省一自来水公司的内退女职工在自来水公司清泉大厦6楼会议室故意纵火，当场烧死3人、烧伤4人，纵火者后因抢救无效不治身亡。

案例三：

某年7月9日，某车间工段班长约学徒工去门前夹道吸烟。班长拿出烟给学徒工并划着火柴为其点烟，在自己也点着烟后将火柴扔到地上，"轰"的一声，地面聚集的油气在两人之间燃起，随后地沟里也燃起大火。学徒工因靠近夹道口及时脱离现场，班长被严重烧伤（Ⅱ度），烧伤面积达 70%。

案例四：

某年 12 月 14 日，一炼油厂液化气站 6 名工人在处理钢瓶中的残液时，一人拎起一只钢瓶弯腰倾倒残液时，上衣口袋的打火机滑出落地，打出火花引燃起火，致使厂房烧毁，烧伤 4 人。

案例五：

某年 10 月 16 日，一石化公司车间考勤员违反禁烟区域内严禁吸烟的规定，独自一人在车间仓库内吸烟。匆忙中掐了烟头，将仓库门锁好后离开。一会儿，烟头复燃引起仓库着火。

案例六：

2000 年 12 月 25 日，某市东都商厦因作业人员无操作证，违章进行电焊作业而引发特大火灾事故，死亡 309 人，直接经济损失 275 万元。

案例七：

某年1月16日上午10时50分许，某石化企业所属炼油厂，工人对一污水回收罐使用电焊切割平台，其间引爆污水罐内的可燃气体发生爆炸。

案例八：

某年4月28日，某工业安装公司在金陵分公司净水车间污水罐G601西侧进行氮气线配管，为G601增设氮封线。

在作业过程中，施工人员超出"用火作业许可证"规定的用火范围，使用气焊切割、拆卸罐顶人孔盖的螺栓，引起罐内油气爆燃。罐体西侧与罐底焊缝撕裂，罐体整体移位、倾斜。2人从罐顶摔下，抢救无效死亡。

案例九：

某年7月2日，某石油化工助剂总厂，因未堵盲板，违章动火焊接，造成两个500立方米油罐爆炸起火，10人死亡，部分操作室及管排、管架烧毁，直接经济损失200余万元。

案例十：

某年 4 月 29 日，某厂违反电焊、气焊安全防火管理规定，在油槽附近烧焊，导致重大火灾事故，烧毁两栋厂房，计 20 018 平方米，各种设备 39 台和部分产品，造成直接损失 7.96 万元，间接损失 100.57 万元，总计损失 185.3 万元。

综合以上火灾发生的案例可以看出，火灾风险时刻潜藏在人们的日常工作和生活周围。

所以，人们一定要随时提高防火安全意识，努力掌握消防安全知识，不断提升对火灾风险和危害的认知能力，严格遵守有关防火安全规定，不抱侥幸心理，不冒险蛮干。

第二章 火灾趋势分析

一、引发火灾的原因分析

从引发火灾的直接原因看,电气仍然是引发火灾的首要原因。2021年因电气引发的火灾占28.4%,其他原因导致火灾的比例分别为:用火不慎22.6%,遗留火种13.7%,吸烟10.9%,自燃9.9%,生产作业2.7%,玩火1.0%,人为纵火0.6%,其他或原因不明10.2%。

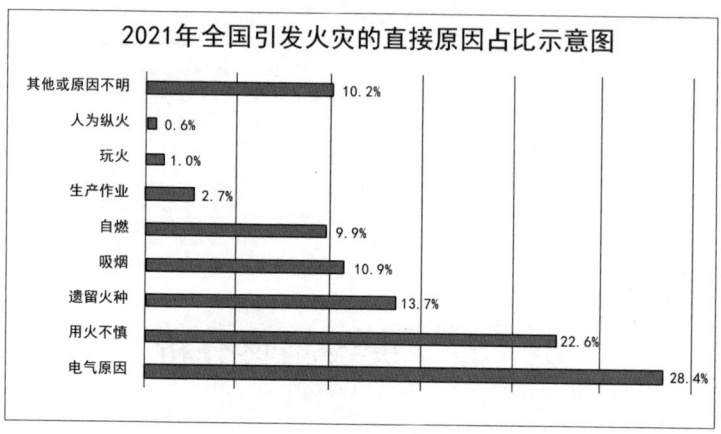

二、火灾与季节的关系

冬季天气寒冷,雨水少,天干物燥,用火、用电、用气量多。加之冬季又处于每年的首尾之际,生产、工作繁忙,昼短夜长,人们因疲劳而容易懈怠,往往忽视消防安全,初起火灾不能及时发现而酿成大灾。所以冬季具有火灾事故多、损失伤亡大的季节特征。

从2021年火灾的季节分布看,冬春季节共发生火灾43.7万起,死亡1131人,分别占总数的58.6%和57.5%,明显多于夏秋季节。特别是春节期间为全年的火灾高峰,除夕当天的火灾发生数接近平常的3倍。

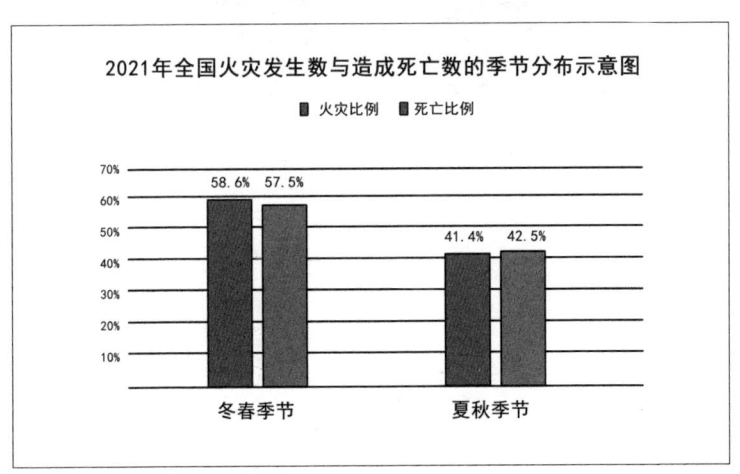

三、城乡火灾发生的比例

我国乡村地区火灾多发，老龄人口在火灾死亡人数中占比突出。从城乡分布看，乡村地区火灾的起数、死亡人数分别占总数的 54.6% 和 51.0%；城市地区火灾的起数、死亡人数分别占总数的 45.4% 和 49.0%。

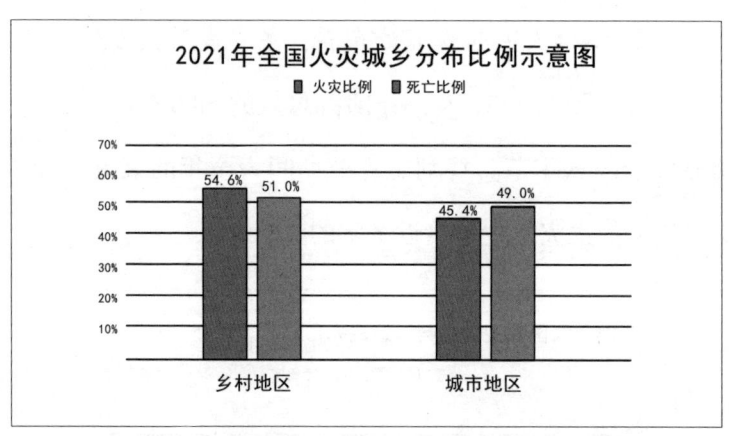

四、火灾多发场所分析

工商文娱场所人员聚集、生产经营设施集中、用电用油用气负荷大、成品原材料随意堆积,一旦发生火灾极易蔓延扩大,造成伤亡损失。

从火灾的总数看,某年生产企业共发生火灾9264起,占总数的3.7%,是除住宅火灾外占比较大的一类火灾;此外,商业场所发生火灾6679起,文娱宾馆饭店发生火灾6320起,仓储场所发生火灾4161起,建筑工地发生火灾2682起,合计占总数的7.9%,受害人数占总数的15.8%、损失占总数的45.9%。

从大火的分布看,这几类场所的火灾只占总数的11.6%,但其中过火面积在1000平方米以上的火灾占总数的26.4%;较大以上火灾23起,占总数的34.8%,特别是全年唯一的一起重大火灾就发生在娱乐场所。

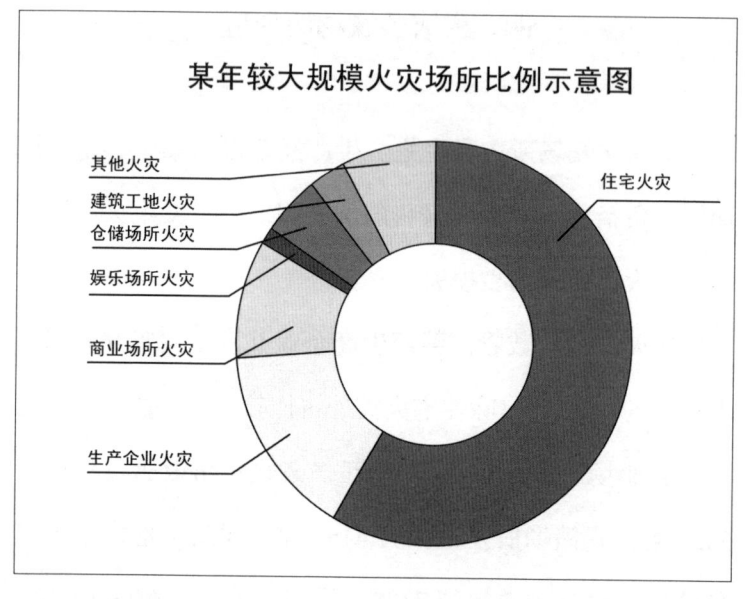

五、电气类火灾持续增加

近年来我国的社会用电量持续上升,由此带来的火灾风险持续增加。

从电气火灾的占比看,某年因违反电气安装使用规定引发的火灾共 8.5 万起,占总数的 33.6%,因目前还有 1 万起火灾原因尚未查明,预计后续该比重还将提高。其中,因电气原因引发的较大火灾 36 起,占总数的 55%。

从电气火灾的分类看,因短路、超负荷、接触不良等线路问题引发的火灾数占火灾总数的 68.9%,因故障、使用不当等设备问题引发的火灾数占火灾总数的 26.2%,其他电气原因引发的火灾数占 4.9%。

特别需要注意的是,目前我国新能源车在全社会保有量逼近 500 万辆,电动车引发的较大规模火灾数占电气火灾总数的 30.6%。

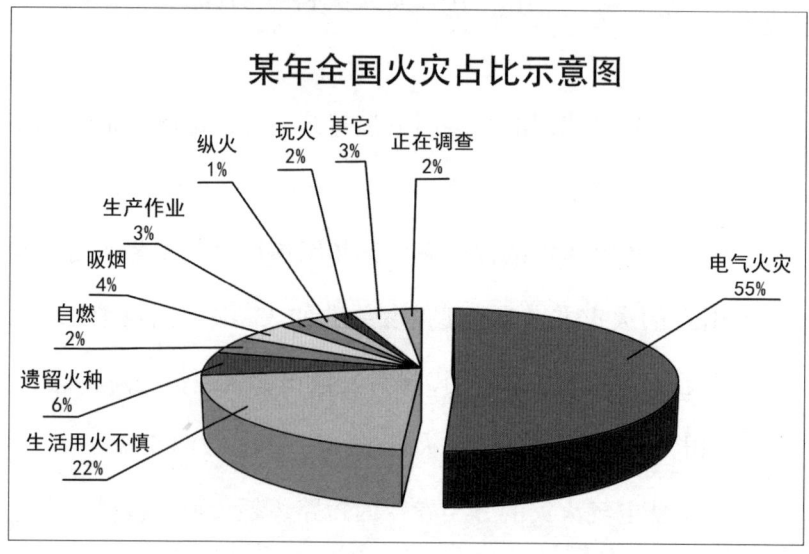

六、夜间火灾的危险性更大

火灾全天24小时随时都有可能发生，从火灾的分布时段来看，夜间是全天火灾发生比例较低的。

但是，由于夜间火灾更不容易被发现，往往无法第一时间报警和处置，因此更易造成伤亡，具有更大的危险性。

尤其在23时至7时的火灾，尽管只占全天火灾比例的20%，但造成死亡人数却占到50%，这个时段发生的较大火灾则占到了56.9%。

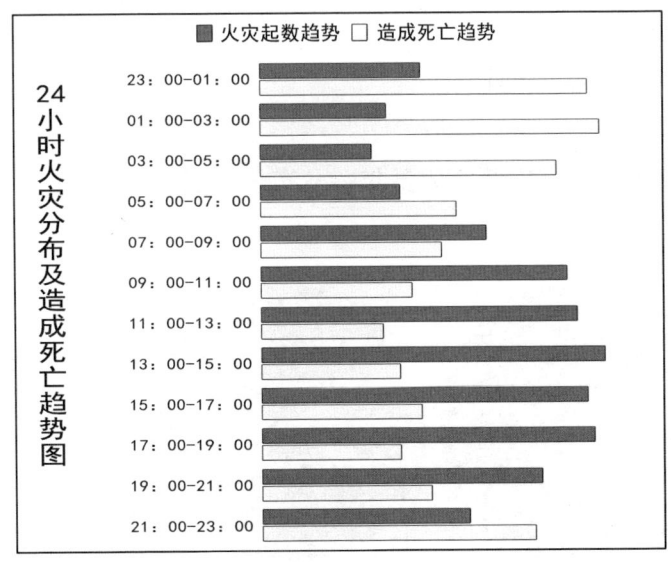

约20%的火灾发生在后半夜，造成的死亡人数占总数近50%

七、住宅火灾死亡人员年龄特征

从火灾造成死亡人员的位置分布看，住宅火灾的危害性很大。某年共发生居民住宅火灾10.9万起，占火灾总数的43.4%，造成917人死亡、499人受伤，分别占总数的77.5%和64.4%，特别是发生较大火灾38起，多数为一家老小全部伤亡。

从住宅火灾死亡人员情况看，18岁以下的未成年人有156人，60岁以上的老年人有379人，分别占总数的17.0%和41.3%。另外，40.9%的火灾死亡人员为残疾、瘫痪、精神病人等弱势群体。

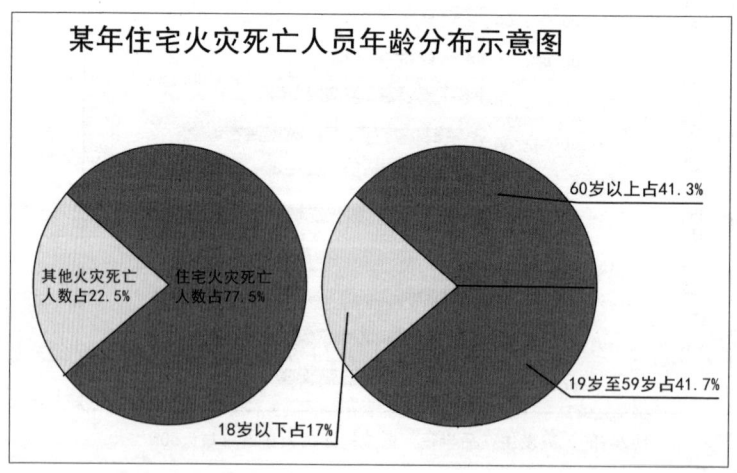

某年住宅火灾死亡人员年龄分布示意图

我国的老龄人口所占比例还在逐年升高，老年人口的安全防范意识和逃生自救能力明显不足，对防范遏制住宅火灾特别是人员伤亡应予以高度重视。

八、高层住宅火灾比例大幅上升

从住宅火灾的建筑分类看,某年发生在高层建筑的住宅火灾共 6987 起,占住宅火灾总数的 83.7%,比上年大幅上升了 13.6%。

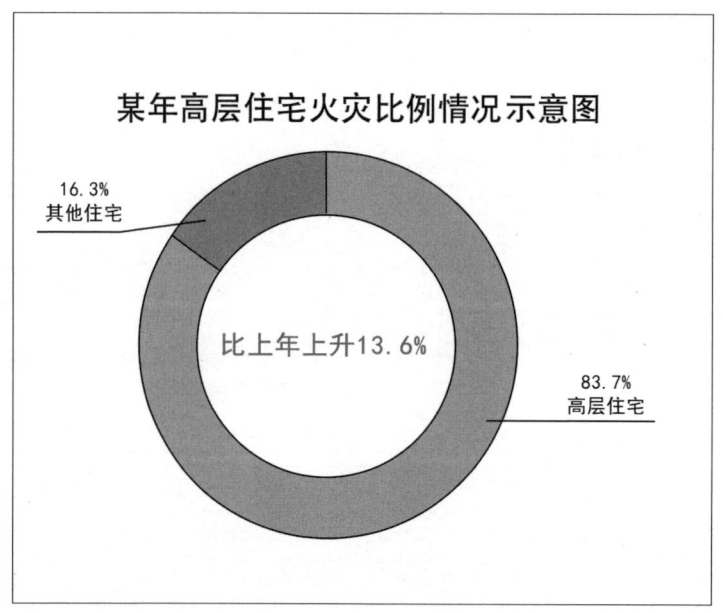

案例:教师公寓火灾

2010 年 11 月 15 日 14 时 15 分许,某市一小区 707 弄 1 号胶州高层教师公寓发生火灾。经查,当日 14 时 14 分,电焊工吴某某和王某某在加固胶州路 728 号公寓大楼 10

层脚手架的悬挑支架过程中，违规进行电焊作业引燃周围材料。此次火灾造成 58 人死亡、71 人受伤，直接经济损失 1.58 亿元。

由于该公寓正在做外保温材料施工，现场存有大量易燃的聚氨酯保温材料，公寓四周架设的脚手架板、尼龙网等均为可燃物。

教训：建筑外部保温材料不得使用易燃可燃材料。现场人员缺乏防火安全意识和消防应急知识，对火灾处置不利。

第三章　以防为主　防消结合

一、基础工作要做好

积极稳妥、科学规范地开展消防安全管理,普及消防安全知识,提高全民消防安全意识,提升全民消防技能等,是落实"以防为主、防消结合"的有效手段。

提示：设想一下，这支蜡烛燃烧到尽头后，是否会引燃下面的书籍呢？

二、具体工作要落实

在严谨的风险分析基础上,依据现场存在的可燃、易燃物的种类,以及实际用火、用电的特点等,有针对性地配置和管理消防器材和设施,是防火的重要工作内容之一。

提示:使用贴纸替代应该配置的灭火器确实省下了很多费用,但这是自欺欺人。一旦发生火灾,所造成的人员伤亡和财产损失是无法估量的。形式主义的工作方法存在于个别领域,消防工作掺不得半点假。

三、依法开展消防管理工作

（一）严禁随意搬动、挪用或损坏消防器材和设施

随意挪用或损坏消防栓、水枪、水带、灭火器以及专门用于消防的锹、镐、钩、沙箱、提桶等，极易造成消防器材的丢失和损坏，是违法行为。

（二）严禁占用消防通道

随意堵塞、占用消防通道是违法行为，害人害己。

（三）发现火情任何人都有义务报警

发现火情，拨打火警报警电话119报告火情是每个公民的法定义务。

四、常备不懈 备而不用是一种境界

消防投入的效益在一般人眼中是看不出来的,但是,这种投入是必需的。

家庭消防四件宝、灭火器、逃生绳、防毒面具、手电筒

家庭消防四件宝:灭火器、逃生绳、防毒面具、手电筒。

第四章 燃烧概述

一、燃烧的定义和可燃物的危险特性

(一)燃烧的定义

一般来说,燃烧是指可燃物跟助燃物发生的一种剧烈的、伴有发光发热现象的氧化反应。

广义来说,燃烧是指任何发光发热的剧烈反应。

（二）可燃物的危险特性包括四个方面

一般来说，可燃物的着火危险特性可以用下面四个指标来判定。

1. 闪点：液体发生闪燃的最低温度。

2. 燃点：可燃物开始持续燃烧所需要的最低温度。

3. 着火：可燃物在空气中受着火源作用而发生持续燃烧的现象。

4. 自燃：可燃物在空气中没有受到火的作用，靠自热或外热而发生的燃烧现象。

第四章 燃烧概述 | 033

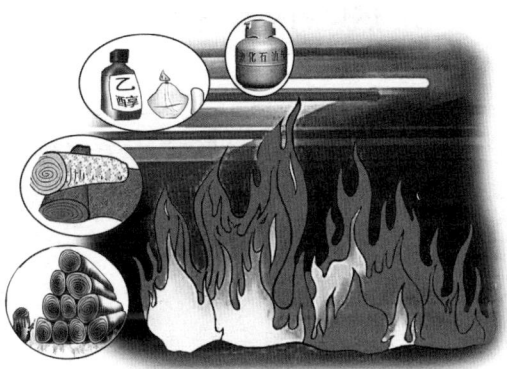

不同的可燃物，其着火的危险性也不相同

二、燃烧的基本条件

燃烧的基本条件是：可燃物、助燃物、着火源三者同时存在且相互作用。

（一）可燃物

可燃物大致分为三类：固体可燃物、液体可燃物和气体可燃物（可燃气体）。

1. 固体可燃物

固体可燃物包括草、木及其制品，常用家具、纸张、布匹、化学胶片等。

固体可燃物主要包括草、木及其制品，常用家具、纸张、布匹、化学胶片等。

家庭可燃物品有：木制家具、木质装修、塑料制品、被褥窗帘、衣物、沙发、书籍等。

2. 液体可燃物

液体可燃物主要包括汽油、煤油、柴油、油漆、酒精、香蕉水、食用油等。

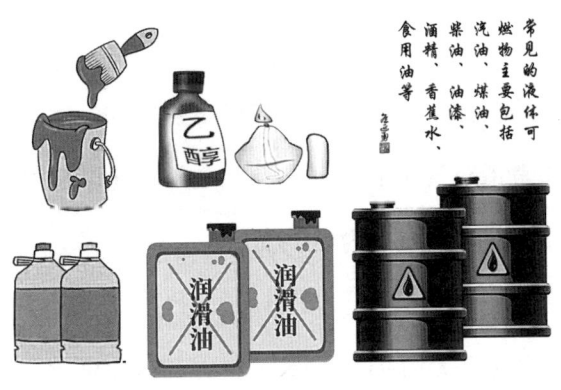

常见的液体可燃物主要包括汽油、煤油、油漆、柴油、酒精、香蕉水、食用油等

3. 气体可燃物（可燃气体）

可燃气体主要包括煤气、天然气、液化石油气、乙炔、沼气等。

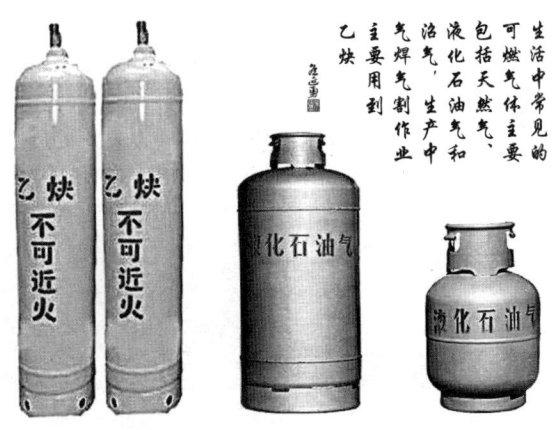

生活中常见的可燃气体主要包括天然气、液化石油气和沼气，生产中气焊气割作业主要用到乙炔

可燃气体发生泄漏往往迅速蔓延，同时因其闪点较低，极易引发爆炸和火灾。

（二）助燃物

1. 定义

所谓助燃物，泛指所有能与可燃物质发生燃烧反应的物质，通常指空气中的氧气。除此之外，化学危险物品分类中的氧化剂类物质均为助燃物。

2. 关于氧

空气中含有大约 21% 的氧，火灾和爆炸事故中最常见的助燃物是空气。

纯氧是强氧化剂，接触油脂等易燃物会发生自燃。

周围无处不在的空气是最常见的助燃物

（三）着火源

常见火灾的着火源大致可分为四类：

1. 明火火源

包括火星、高温物体、强光等。

明火是日常生活中最常用到的火源，也是引发家庭火灾最多的火源之一，如火柴、打火机、蚊香、香烛、烟头、燃气灶、热水器等。

2. 电器火源

不防爆电器的开关动作或电器产品由于质量问题、安装问题或工作环境达不到安全要求等原因，同样会成为火源。

另外，手机和电动车等过度充电、劣质充电器故障短路、照明灯具距离可燃物过近、电热水器使用时间过长、电脑及电视待机时间过长等，都可能引起电器火灾事故。

不防爆的电器开关在进行开和关的动作时会产生火花，电器故障或线路过载，手机、电动车过度充电等也有可能引发火灾

3. 生产性火源

许多生产性火源，如电气焊、汽车发动机、工业锅炉等也可能引燃近处的可燃物造成严重后果。

4. 自然火源

由自然现象产生的火源称为自然火源。自然火源有两种：一种是雷电、静电的放电，一种是物质的自燃。雷电、静电的放电，电压有时能够达到几万伏。雷电、静电放电是常见的自然现象，当作用于地球表面时，它产生的电弧可以直接引起燃烧，窜入其他设备还可引起多种形式的火灾。每年都有雷电引起森林、草原、建筑等火灾的相关报道，因此要高度注意。

雷电、静电的放电现象等也有可能成为着火源

自燃是指可燃物在不直接接触火源的情况下，自行发生燃烧的现象，通常都是由缓慢的氧化过程引起的。

如不干的草垛或粮食、煤泥、沾油的化纤、棉纱等物质大量堆积，经生物发酵或氧化作用，在散热不良的条件下产生的热量逐渐累积，一旦达到物质的燃点就会发生自行燃烧。

黄磷、锌粉、铝粉等燃点低的一类物质在自然环境下也可以发生燃烧。钾、钠等碱金属遇水就会发生剧烈燃烧。

堆积物自燃往往从内部开始。

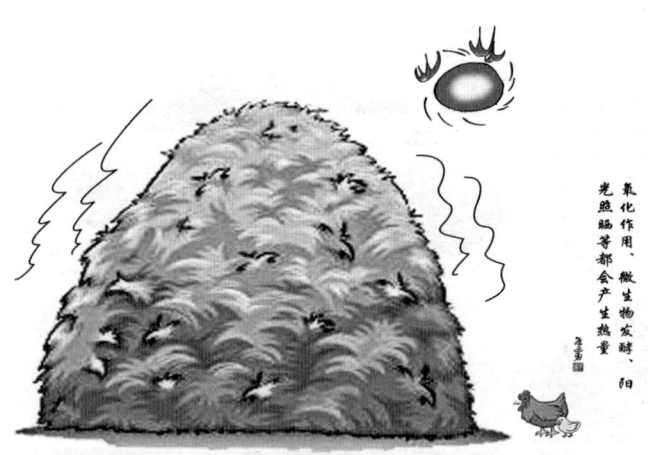

氧化作用、微生物发酵、阳光照晒等都会产生热量

三、燃烧的五种表现形式

燃烧一般有闪燃、爆燃、持续燃烧、阴燃、间歇式热冲击等五种表现形式。

（一）闪燃

可燃液体液面上的可燃蒸气与空气混合物发生的一闪即灭的短暂燃烧。由于新的可燃蒸气来不及补充，这种燃烧不会持久。只要不引起其他燃烧，对建筑物基本无害。但是，闪燃是燃爆危险的警告，切不可掉以轻心。

发生闪燃是燃爆危险的警告

（二）爆燃

由火、炸药或燃爆性气体混合物引起的快速燃烧有时在一瞬间完成，爆燃对建筑物造成损伤的主要原因是冲击波。轻度破坏时仅玻璃破碎、门窗损坏、砖墙出现小于5毫米的微细裂缝和稍有倾斜，严重破坏时可致房屋倒塌。破坏烈度与冲击波强弱和建筑物结构有关。

爆燃会形成强烈的冲击波

（三）持续燃烧

可燃物在持续供氧的情况下充分燃烧，其旺盛程度与持续时间同可燃物的种类、数量、堆放方式、位置、供氧情况等有关。火场温度常可达1000℃以上，持续时间也可能较长。对建筑物的损害主要来自高温灼烧、烟气损害等，轻则使材料剥裂、脱落，重则发生坍塌。持续燃烧常常是火灾中的旺盛阶段，也是对建筑物损坏最重的阶段。

持续燃烧一般是烧完为止

（四）阴燃

在供氧不充足、燃烧物间堆叠紧密，或一些自熄性可燃物中发生的火灾，常呈阴燃或闷烧状态。阴燃也可发生在一般火灾的局部区域或部分阶段。由于浓烈的烟气、大量炭黑使火场浓烟滚滚、毒气重重，因而扑救困难。阴燃持续时间有时可达数日。阴燃对建筑物的破坏，主要来自高温燃烧过程中建筑材料的解体。

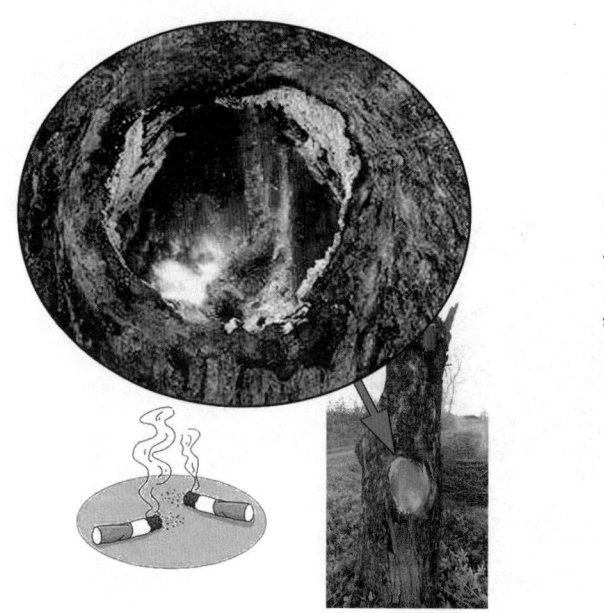

阴燃有时不易被发现

（五）间歇式热冲击

某些生产过程中（如打开高温炉炉门进行加料等）发生的间歇式热冲击，虽然通常不看成是"火灾"，但是对建筑物造成的破坏与火灾一样，唯过程较长。这种现象与短时间火灾对建筑物的损伤不同，常常被人忽略。直到危险降临才易被察觉，因而应对该现象提高警惕。

第五章　关于火灾

火灾是指在时间和空间上失去控制的燃烧所造成的灾害。按照国家标准和有关规定，依据引发火灾的燃烧物和造成人员伤亡及财产损失等情况，将火灾划分为六大类型和四个等级。

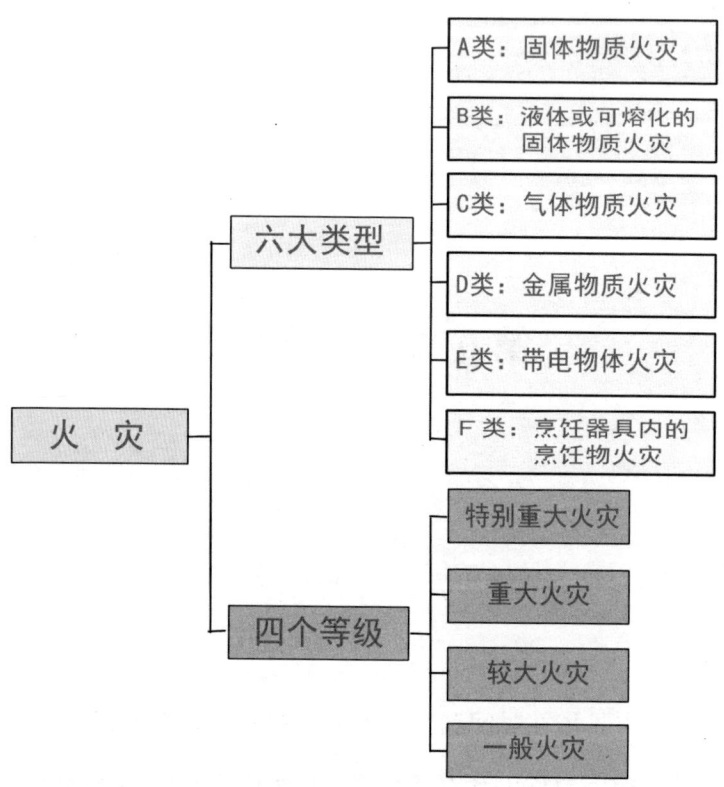

一、火灾的六大类型

依据《火灾分类》（GB/T 4968—2008），火灾根据可燃物的类型和燃烧特性，分为 A、B、C、D、E、F 六类。

A 类火灾：指固体物质燃烧形成的火灾。这种物质通常具有有机物质性质，一般在燃烧时能产生灼热的余烬。如木材、煤、棉、毛、麻、纸张等火灾。

B 类火灾：指液体或可熔化的固体物质燃烧形成的火灾。如煤油、柴油、原油、甲醇、乙醇、沥青、石蜡等火灾。

C 类火灾：指气体燃烧形成的火灾。如煤气、天然气、甲烷、乙烷、丙烷、氢气等火灾。

D 类火灾：指金属燃烧形成的火灾。如钾、钠、镁、铝镁合金等火灾。

E 类火灾：带电火灾。物体带电燃烧的火灾。

F 类火灾：烹饪器具内的烹饪物（如动植物油脂）燃烧形成的火灾。

二、火灾的四个等级

根据公安部办公厅下发的《关于调整火灾等级标准的通知》，新的火灾等级标准由原来的特大火灾、重大火灾、一般火灾三个等级调整为特别重大火灾、重大火灾、较大火灾和一般火灾四个等级。

特别重大火灾：指造成30人以上死亡，或者100人以上重伤，或者1亿元以上直接财产损失的火灾。由国务院或者国务院授权有关部门组织事故调查组进行调查。

重大火灾：指造成10人以上30人以下死亡，或者50人以上100人以下重伤，或者5000万元以上1亿元以下直接财产损失的火灾。由事故发生地省级人民政府进行调查。

较大火灾：指造成3人以上10人以下死亡，或者10人以上50人以下重伤，或者1000万元以上5000万元以下直接财产损失的火灾。由事故发生地设区的市级人民政府进行调查。

一般火灾:指造成3人以下死亡，或者10人以下重伤，或者1000万元以下直接财产损失的火灾。由事故发生地设区的县级人民政府进行调查。

第六章　火灾发生的常见原因

1. 用火管理不当造成火灾。

2. 玩火、燃放烟花爆竹等造成火灾。

3. 对易燃物品管理不善，存放混乱。

4. 电气设备绝缘不良，安装不符合规范要求，发生短路、过载（超负荷）、接触不良（接触电阻过大发热）等造成火灾。

5. 易燃易爆场所未采取相应的防火防爆措施。

6. 违反安全操作规程,在易燃场所违章动火、吸烟等引发火灾。

7. 通风不良,生产场所的可燃气体或粉尘浓度达到爆炸极限,遇火源引起火灾爆炸。

8. 避雷装置设置不当,缺乏检修而失效或没有避雷装置,遇到雷击时引起火灾。

9. 易燃易爆生产场所的设备、管线没有采取消除静电措施,发生放电导致火灾。

10. 特殊物质在一定条件下发生自燃起火(如黄磷等)。

第七章　防火思路

可燃物、助燃物、着火源三者同时存在且相互作用发生燃烧的关系可以形象地看成一个着火三角关系。

防火的基本思路即阻止火三角的形成。有效地管理好可燃物，控制火源，避免三者之间相互作用是防止火灾发生的基本方法和手段。例如严禁携带火种就是控制点火源的措施之一。

特别说明：通常讲的燃烧一般是要有氧气参与的，但在一些特殊情况下,燃烧也可以在无氧的条件下进行。

例如金属镁带可以在二氧化碳气体中燃烧,铝、铜等金属可以在硫蒸气里燃烧,氢气、铜丝、铁丝、磷可以在氯气里燃烧等。

第八章　防火的有效手段

消防安全人人有责！

严禁占用、堵塞消防通道，占用和堵塞消防通道是违法行为！

加强检查并严格遵守消防安全要求是防火的有效手段。

一、做好日常消防检查和火灾隐患整改

（一）排查和消除消防隐患是防火的主要手段之一

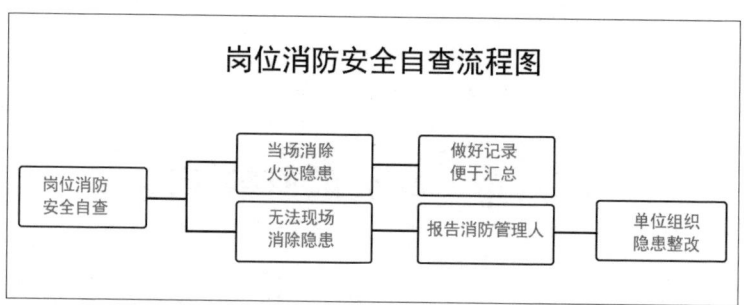

（二）定期组织消防检查必不可少

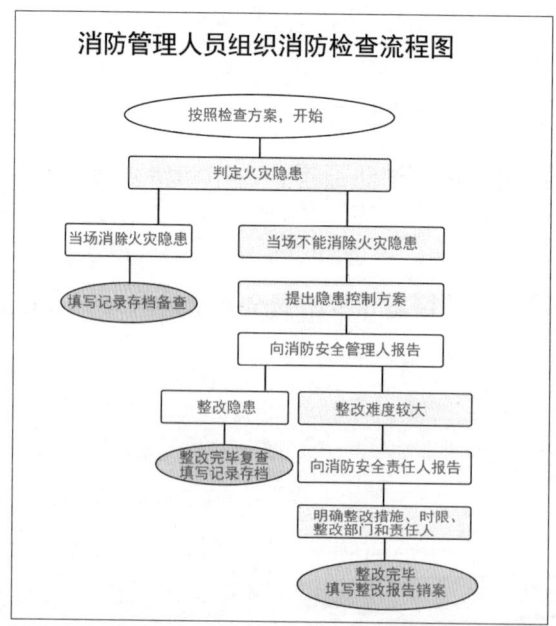

二、防火十法

1. 引火物使用之后,要确保其熄灭;吸烟者,要把烟头掐灭在烟灰缸内;不在酒后及睡前躺在床上或沙发上吸烟。

吸烟人常会遇到劣质打火机在点完火放开按钮之后,火苗并没有立即熄灭的情况,细思极恐

特别提醒:在使用劣质打火机点火后随手丢放在沙发等易燃物品上,由于打火机没有彻底熄灭,引发火灾的案例不少。

2. 及时关闭电源开关及煤气、液化气阀门。外出时、临睡前熄灭室内外火种。

3. 要教育孩子不要玩火,不要玩弄电器设备。

4. 要按规定,在划定区域内燃放烟花爆竹。

5. 确保走道、楼梯的畅通，不在楼层通道和安全出口处堆放杂物，造成封堵。

6. 不乱拉乱接电线，禁止超负荷用电。

7. 在使用电热取暖设备以及给手机、电动车充电时，要与易燃物品保持安全距离且人不能离开。

不要在室内、走廊、楼梯间等处给电动车充电

8. 不用明火照亮寻找物品和查漏煤气、液化气。

9. 不把点燃的蚊香贴靠在床沿和窗帘处。

10. 不在房内焚烧迷信物品。

三、防火工作的重要篇章——电气焊等用火作业的防火

建设、装修、改扩建等工作中，常常需要用到电气焊等用火作业。因为不规范使用电气焊等用火作业引发的火灾案例不胜枚举，危害极大，经常造成巨大人员伤亡和财产损失。为此，在消防安全管理方面设有专门篇幅予以规范。

电气焊作业属于动火作业，如果防范措施不到位极易引发爆炸、火灾等事故，轻则造成财产损失，重则导致人员伤亡，违规作业人员还会被依法惩处。因此，国家把电气焊作业列为特种作业。

（一）有关电气焊作业及从业人员的相关要求

1. 必须经过专门的安全技术培训并考核合格，取得特种作业操作证后方可上岗作业。

2.《中华人民共和国消防法》第二十一条规定：因施工等特殊情况需要使用明火作业的，应当按照规定事先办理审批手续，采取相应的消防安全措施；作业人员应当遵

守消防安全规定。

3. 进行电焊、气焊等具有火灾危险作业的人员和自动消防系统的操作人员必须持证上岗并遵守消防安全操作的规定。

4.《中华人民共和国消防法》第六十三条规定：违反规定使用明火作业或者在具有火灾、爆炸危险的场所吸烟、使用明火的，处警告或五百元以下罚款；情节严重的，处五日以下拘留。

5.《中华人民共和国消防法》第六十四条规定，指使或者强令他人违反消防安全规定，冒险作业的，处十日以上十五日以下拘留，可以并处五百元以下罚款；情节较轻的，处警告或者五百元以下罚款。

（二）电气焊等用火作业的防火措施

1. 逐级落实安全责任制

严格施工场所的安全管理，逐级落实安全责任制，人员分工职责明确，加强对进场施工操作人员的审查，在安全措施上严格把好关。

2. 营业场所严禁焊接作业

正在营业、使用的人员密集场所，禁止进行电焊、气焊、气割、砂轮切割、油漆等具有火灾危险的施工、维修作业。

3. 作业人员必须持证上岗

施工单位必须使用经国家正式培训考试合格的动火操作人员，并且作业内容与其取得的特种作业操作证中具备的资格相符。

4. 作业前清理可燃物

作业前，应把周围的可燃物移至安全地点，如无法移动的，必须严格落实防火安全措施，确保安全。

5. 作业时配备灭火器

进行现场焊接、切割、烘烤或加热等动火作业应配备灭火器材，并应设置动火监护人。

6. 作业结束彻底消除火种

施工作业结束后要立即消除火种，彻底清理工作现场，并进行一段时间的监护，没有问题再离开现场，做到不留死角。

（三）电焊气割作业"十不准"

1. 无特种作业操作证的人员不准焊割。

2. 凡动火范围内的焊割，未经办理动火审批手续的不准焊割。

3. 焊工不了解焊割现场周围情况的不准焊割。

4. 焊工不了解焊件内部是否安全时不准焊割。

5. 各种装过可燃气体、易燃液体和有毒物质的容器，在未经彻底清洗、排除危险性之前不准焊割。

6. 可燃材料作保温层、冷却层、隔热设备的部位，或火星能飞溅的地方未采取切实可靠的安全措施之前不准焊割。

7. 有压力或密闭的管道、容器不准焊割。

8. 焊割部位附近的易燃易爆品，在未做彻底清理或未采取有效的安全措施之前不准焊割。

9. 附近有与明火作业相抵触的工种作业时不准焊割。

10. 与外单位相连的部位，在没有弄清有无险情或明知存在危险而未采取有效的安全措施之前不准焊割。

案例一：

2023年5月30日，某省一电竞馆起火，现场浓烟滚滚，所幸扑救及时未造成人员伤亡。

经调查，起火原因是两人在电竞馆二楼对一铁皮进行电焊切割时，电焊产生的火花从二楼掉落至一楼的沙发椅上引发火灾。两人均未取得电焊特种作业操作证，公安机关依法对两人处以行政拘留十日的处罚。

案例二：

2023年2月14日8时46分许，某省某市一场馆在组织拆除旧物时发生火灾。

起火原因是在进行场所拆除过程中，陈某（工程承包方）指使王某（氧焊操作人员）在高空利用氧焊对排风管进行切割拆除，由于焊渣掉落并引燃排风管正下方的旧沙发，最终蔓延扩大成灾。

经查，氧焊操作人员王某未取得焊工操作资质，操作过程中作业区域内未做相应防火措施。

陈某、王某的行为违反了《中华人民共和国消防法》第六十四条第一款和第二款的规定。为此，陈某、王某被行政拘留十日。

案例三：

2022年10月，某省一幼儿园4楼楼顶平台发生火灾，过火面积约300平方米，所幸未造成人员伤亡。

经调查，火灾发生前，袁某对楼顶广告牌进行电焊切割作业，溅出的火星引燃了楼顶广告牌铁质支架下方的人造皮草发生火灾，而袁某并未取得相关特种作业操作证。

根据《中华人民共和国消防法》第二十一条第二款、第六十三条第二款之规定，依法对该男子处以行政拘留五日的处罚。

第九章　家庭防火

　　家庭防火是消防工作的重点和难点。因为居民住房大多集中，家庭情况千差万别，人员素质、知识层次各不相同，一旦发生火灾处置难度以及经济损失都非常大。

　　家庭消防工作的重点应当放在检查、消除隐患和防范火灾发生。

　　家庭中存在大量的可燃、易燃物品，而生活中经常用到的明火、燃气、电器等，在正常或故障状态下，都有可能变成点火源。

一、家庭火灾的主要危险因素

（一）可燃物大量存在

家庭生活中，可燃物品随处可见。如家具、床上用品、衣物、饰物等。厨用液化石油气罐、天然气等更是被普遍使用。更有个别家庭会存放酒精、汽油、罐装杀虫剂等。以上物品存放容器或输送管道等由于管理原因、质量原因、意外或故障等损坏，都有可能造成泄漏。

很多生活必需品都是可燃易燃品

（二）助燃物无处不在

作为助燃物的氧气存在于空气中，无处不在。

（三）火源种类繁多

1. 明火：打火机、灯、香烛、炉灶、香烟和小孩玩火等。

2. 使用燃气：天然气、液化石油气、灶具等。

3. 电器：电器开、关产生的火花，线路破损、老化导致的导线漏电、短路，电器及线路超负荷运转产生的高温等。

4. 各种热辐射：正常工作状态或故障状态下，能够散发高温的电器、火炉和线路等，热辐射作用于易燃物品也能够引起着火。

（四）其他因素

1. 自燃：家中违规存放的危险化学品在一定条件下能够发生自燃，烹饪过程中的食用油在高温条件下也会发生自燃。

2. 雷击：雷电瞬间的高压放电。

一个比较极端的例子：球形金鱼缸在阳光照射下，产生凸透镜聚焦，引起焦点处可燃物燃烧。

同样需要注意的还包括各种瓶装矿泉水等，不要放在车里或窗台上太阳能够直接照射到的地方，避免聚焦效应引燃附近的可燃物，如窗帘等。

很多透光物品在特定的环境中会通过聚焦太阳光而成为引火源

案例：民宅火灾，一家四口经抢救无效死亡

2023年11月5日凌晨3点20左右，某省一民宅发生火灾。消防救援、应急管理、公安、医疗等部门全力救援，现场共搜救出4名被困人员，立即送医救治，经全力抢救无效死亡。

二、提高家庭成员的防火意识

（一）学习消防知识，重视消防安全

1. 读一些有关家庭防火知识的书。

2. 关注有关家庭防火的电视节目。

3. 想一想家里存在哪些危险品，一旦着火如何正确处理。

4. 在日常生活中有意识地培养孩子的消防安全意识和技能。如结合实际告诉孩子，一旦发生火灾，怎样拨打火警电话，怎样自救逃生。

5. 每晚睡觉前让家人检查燃气灶阀门是否关好，以培养他们的安全意识。

（二）消防安全教育从娃娃开始

从小培养良好的安全素养。

我国因儿童玩火引发的火灾事故呈逐年上升趋势，消防安全教育已经全面进入学校和幼儿园。

1. 教育孩子远离危险物品

教育孩子不要玩火和灶具，不要玩电器设备、电源、开关、插座、电线等。

儿童防火歌

小朋友笑呵呵 大家来唱拍手歌
你拍一我拍一 拍完南北拍东西
你拍二我拍二 咱俩宣传做伙伴
你拍三我拍三 禁火场所别吸烟
你拍四我拍四 用火不当会出事
你拍五我拍五 烟囱坏了快修补
你拍六我拍六 风大天火不好救
你拍七我拍七 不要玩火做游戏
你拍八我拍八 电线不能随便拉
你拍九我拍九 火警电话一一九
你拍十我拍十 人人防火要落实
我拍你你拍我 大家都要来防火

三、控制明火火源　防止家庭火灾

在家庭生活中,可燃物和助燃物的存在是不可避免的。因此,在强化可燃物管理的同时,控制火源是防范家庭火灾的主要手段之一。

可燃易燃物料一旦发生泄漏,一颗火星就会造成不可估量的后果

(一)控制烟火,不吸最好

烟头虽小,却潜藏着巨大的火灾隐患。床上抽烟是家庭火灾的主要原因之一。

1. 众所周知,吸烟可诱发多种疾病,对心脑血管、呼吸道和消化道等都有危害。二手烟对家人,特别是孩子危害更大。另外,在文明时代,吸烟对个人形象的影响也不容忽视。

提示:严禁卧床吸烟!

案例:一男子因酒后卧床吸烟不慎失火身亡

2014年3月23日,某市一栋居民楼的顶层起火,消防员进入现场后发现,起火部位为屋内床铺,一男子躺在床铺上已无生命迹象。

经调查,起火原因为该男子醉酒后吸烟引燃床铺发生火灾。

（二）杜绝危险行为

1. 严禁用明火检查液化气、天然气等易燃易爆气体的泄漏情况。

2. 停电用明火照明时要非常小心。不要用明火照明到床下等易燃物品集中的地方寻找物品。

3. 燃气泄漏时严禁触动电器开关。发现液化气、天然气等可燃气体泄漏时，要迅速关闭气源阀门，打开门窗通风，并迅速通知专业维修部门处理。

注意：

1. 此时切勿触动电器开关，使其保持其现有状态，不要试图去开或者关。

2. 切勿使用明火。

3. 在室内使用电话、手机等也可能引爆泄漏的气体。

（三）沙发的火灾危险性和防火要点

沙发大多数由易燃材料制成，一旦着火，仓促间很难扑救。有些沙发燃烧后还能释放出一氧化碳、氯化氢、硫化氢之类的有毒气体，极易致人死亡。

一个数据可以说明沙发着火对人体的危害性。一个用聚氨酯材料制作的沙发着火后产生的毒烟，相当于25升汽油燃烧产生的有害气体。

1. 很多人存在躺、卧在沙发上，边看电视（看手机、看书等）边吸烟的不良习惯，一旦出现困倦或烟火（烟灰）意外掉落在沙发上，极有可能引起沙发着火。

2. 很多家庭在沙发后面都设置有插座，日常生活中拔下插头并不方便，这也为沙发因电气线路故障被引燃埋下了隐患。

3. 图方便，电气设备（手机、平板电脑等）充电时随便放在沙发上，存在因电器充电时积聚热量引起沙发着火的可能。

消防提示：

1. 选购沙发时要特别关注面料及填充物，尽量选用不易被引燃的材质。

2. 装修时做好设计，插座不要放置于沙发后，以便插拔插头。

案例：一男子因沙发着火被毒烟熏死家中

2015年1月19日，某省一居民家中起火，消防人员赶到现场并控制住了火情。当他们进入火灾现场后发现，80平方米的屋内充斥着一股浓烈的烟味，客厅中央，两张冒着浓烟的沙发已经烧成炭状，屋内其他区域并未起火，但屋中男子不幸身亡。

再次强调：躺在沙发上吸烟存在火灾风险。

四、禁放区域严禁燃放烟花爆竹

不要在禁放区及楼道、阳台、柴草堆等地燃放烟花、爆竹。

燃放烟花爆竹很容易引起火灾和伤人事故,特别是在城区,建筑越来越高,人口相对密集,高空烟花等的燃放极易引发火灾,直接危害人民群众的生命财产安全。

案例:某市中央商务区一幢大楼发生火灾

2009年2月9日(农历正月十五元宵节)20时27分,位于某市中央商务区(CBD)的一幢大楼发生火灾,1名消防员在救援过程中牺牲,6名消防员和2名工作人员受重伤。大火历经6个小时才被扑灭,大楼建筑过火面积约2.1万平方米,直接经济损失1.64亿元。

经查,起火原因是违规燃放礼花弹所致。

根据有关规定,距建筑50米内不得燃放烟花爆竹,对于属于A类的礼花弹,未经许可不得燃放。有关责任人属于违规燃放。

教训：严禁违规燃放烟花爆竹。

五、燃放孔明灯也能引发火灾

孔明灯又叫天灯,俗称许愿灯。春节和元宵节前后燃放孔明灯许愿是一种古老的风俗。然而,每年因燃放孔明灯所引发的火灾事故也时常发生,特别是在储油库区、森林草原地区等,一旦引发火灾就会造成不可估量的损失。

其主要危险因素包括:

1. 放飞的孔明灯去向无法人为控制,形成一个移动且无确定目标的点火源。

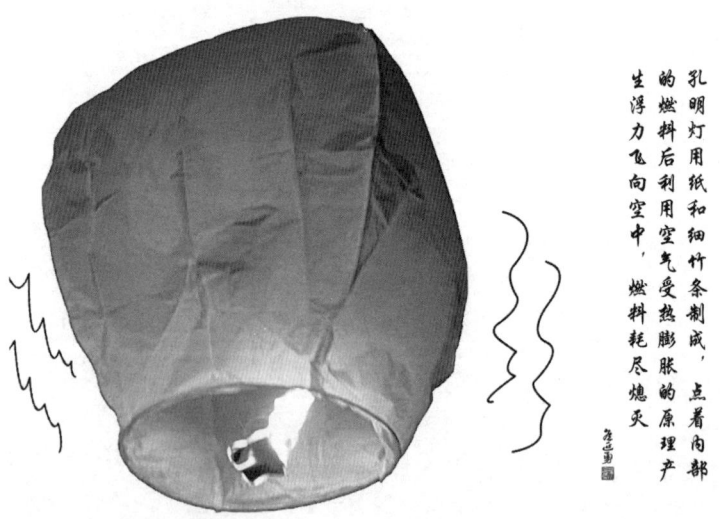

孔明灯用纸和细竹条制成,点着内部的燃料后利用空气受热膨胀的原理产生浮力飞向空中,燃料耗尽熄灭

2.孔明灯灯芯火势过大有可能引燃外罩,这时燃烧的火球就会急速坠落,如果落在森林、草原、麦田、木质房屋等位置,后果不堪设想。

3.燃放的孔明灯随风飘动,万一挂在树枝、木屋上也会引起火灾。

4.多数孔明灯燃放都会选在夜晚天黑以后,而这个时间人们大都已进入睡眠,一旦引发火灾很难及时被发现。

放飞的孔明灯就是一个不确定目标的点火源

曾有报道,放飞的孔明灯随风吹进别人家的阳台甚至从敞开的门窗飞到别人的屋中引发火灾。

案例一：

2023年11月18日凌晨，某镇一盏巨型天灯坠落，烧坏了空调室外机的电线。

案例二：

2023年10月31日凌晨5点56分，一个孔明灯落到一酒店后面的停车场，一辆别克GL8被烧毁。

案例三：

2023年9月2日，某镇一小区的室外停车位停放的汽车发生火灾，车辆顶部、倒车镜、轮胎等被灼烧，直接经济损失12 100元。起火原因系小区附近村民燃放孔明灯后，因孔明灯掉落到车辆顶部引发火灾。

案例四：

2023年8月30日凌晨，某市一村树木起火。接到报警后消防救援人员立即前往现场处置。

据了解，起火原因为燃放的孔明灯将树木引燃。

案例五：

2023年8月23日晚，某市一孔明灯掉落到民房楼顶，灯芯还在燃烧，随时可能蔓延形成火灾。所幸消防救援人员及时赶到将火扑灭，避免了一场火灾。

为了进一步加大对孔明灯的生产、销售、展示环节的监管力度，当地镇政府发布了《关于奖励举报辖区内孔明灯生产、销售、燃放行为的通知》，每一条被验证为真实的线索将获得5000元的奖励。

第十章　家电防火

一、家用电器的防火要点

1. 不要超负荷用电，使用电器时不要遮挡、覆盖电器前后（顶）的散热孔。

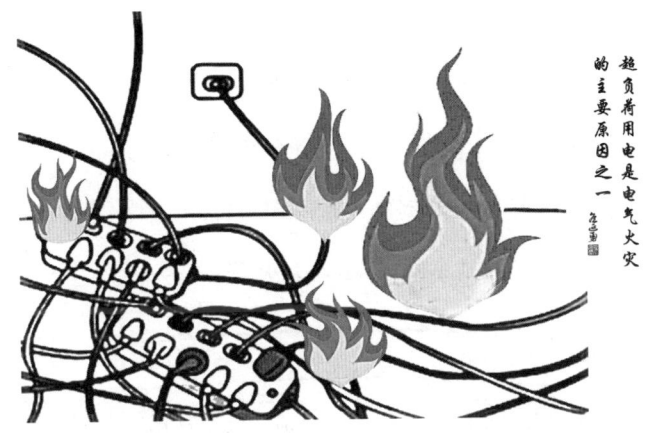

超负荷用电是电气火灾的主要原因之一

2. 不要用电热器具烘烤衣物，使用电热器具取暖时，应与沙发、窗帘等可燃物保持足够的安全距离，使用时要有人员在场。

3. 不要长时间使用浴霸等大功率电器，用完立即断电。

4. 电视机、空调等，用毕要切断电源。（既省电又安全）

5. 不要在电冰箱内存放酒精等危险化学品。

6. 雷雨天最好不要使用室外天线收看电视。

7. 电气线路要按标准安装，不要私接乱拉电线。

8. 合理选配空气开关、漏电保护器，并定期检查。

（个别场所的电路仍然在使用老式闸刀，一定要引起注意）

9. 教育儿童不要玩弄电器。

10. 不在电器（电视机、空调、电脑、电暖器、冰箱等）周围放置窗帘、衣物、书籍等易燃物品。

11. 出门及睡觉前不忘检查电器安全。

12. 家里常备灭火毯、灭火器。

电器故障引起附近的可燃物燃烧，会造成火灾

尽量不要长时间使用大功率电器。

案例一：

2023年11月17日，某市一居民家中浴霸突然起火，并冒出阵阵黑烟，消防人员到场灭火。

案例二：

2022年12月4日，某市一居民打开浴霸准备洗澡，头顶的浴霸突然冒出阵阵黑烟，同时还有火苗蹿出，该居民立刻关闭了总电源，拨打报警电话求助。

案例三：

2022年11月9日，某市一居民家中浴霸着火，消防员到达现场后火势已扑灭，将浴霸拆下后发现内部基本已经烧毁，所幸此次事故无人员伤亡。

案例四：

2023年11月26日晚，某市一居民家中浴霸起火，消防员接警后前往现场处置，火势被迅速扑灭，但现场被烧得一片狼藉，天花板也被烧穿，所幸无人员伤亡。

浴霸在用完后，要彻底切断电源，不要长时间开启浴霸。

二、加强电气防火检查

（一）规范用电

1. 电路应由专业人员安装，禁止私拉乱接电线，不要随意改装电路。

2. 电路、空气开关不要超负荷使用，要确保插头不松动。

3. 避免线路老化、破损和漏电。

初步判定电路、插头是否过载的办法：在确保不漏电的前提下，可用手背轻触导线、插头感觉它是否发热、烫手。

（二）家庭电源、线路的使用要符合防火要求

1. 电线的安全载流规格必须与各种家用电器用电总容量相匹配并留有余量。电线容量过小，极易导致电线因超负荷而过热，烧坏电线绝缘材料引起火灾。

2. 室内明线穿过墙壁应做穿管保护。

3. 电线转弯处应加瓷夹板，交叉处应有绝缘管。

4. 禁止将电线直接装置在潮湿的水泥或石灰粉刷的墙壁上。

5. 严禁使用裸线或绝缘包皮破损的电线。

6. 电线应避开炉火、暖气片等热源。

7. 使用插座特别是那种多用的排式插座时，一定要注意电器的总功率不能超过插座及导线允许的额定功率。

8. 不要同时、长时间使用大功率的家用电器，防止线路过载引起火灾。

三、手机充电及使用充电宝时的防火注意事项

生活中常见手机充电时发生爆炸，甚至引起火灾等报道。主要原因大多都与手机的充电方式不正确有关。用正确的方式对手机进行充电，能够有效避免手机电池爆炸、充电短路引发火灾等危险事故。

充电宝实质上就是一组电池。

手机的电池、充电器和充电宝等必须选择正规厂家的合格产品

案例一：

2023年2月7日，某省刘女士放在枕边的备用手机突然发出"吱吱吱"的声音并冒出火花，刘女士发现后立即将手机丢到地上。据刘女士介绍，这部手机曾于两年前掉进过马桶里，手机因此进行过维修。

案例二：

2023年3月17日，某省一男子将插电的充电线放在床头，充电线自燃烧坏床单。幸亏家里有人，未造成严重后果。

火灾原因初步判断系手机在床边充电，电线短路着火。

案例三：

2023年4月10日，某省一住宅起火，一名男子全身18%烧伤，面部、背部、双手等处均有明显烧伤，被送往医院抢救。

案例四：

2022年5月，某省一男子入睡前将手机放在枕边，结果熟睡时手机突然起火，男子后背被烧伤，现场一片狼藉。幸好该男子醒来得及时，没有造成过大的损失。

（一）手机电池及充电器"引火"的原因

1. 电池本身的质量原因

手机电池或充电宝电池内部存在缺陷，导致电池在不充电、不放电情况下爆炸。

2. 电池长时间过度充电

手机和充电宝的锂电池在特殊的温度、湿度及接触不良等情况或环境下可能瞬间放电产生大量电流，引起自燃或爆炸。

3. 手机或充电器故障原因

手机或充电器元件击穿或线路短路也会造成燃烧或爆炸。

充电器的主体是变压器，其作用是把民用的市电转换成适合手机充电的低电压来实现给手机充电。

如果充电器长时间在插座上不拔,而它又没连接到手机时,这就是在"空载",而"空载"时同样有电流通过变压器的一次线圈。充电器长期不拔,"空载"会加速充电器变压器的绝缘层老化或元器件损坏,极易造成短路,引发火灾、爆炸、意外触电等事故。

4. 外力作用导致电池意外放电

手机或充电宝因外力压、折或被利物刺穿等也会造成内部短路,因瞬间大电流放电而发生燃烧爆炸。

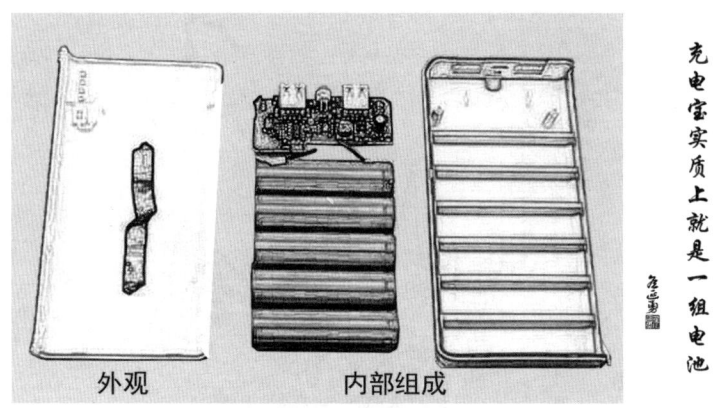

(二)手机充电"五不要"

1. 不要在过冷或者过热的环境中给手机充电。给手机充电时尽量避开太阳直射的地方。

2. 不要放在枕头或床单被褥上充电。为了方便在充电时使用手机，很多人都习惯在床头或者枕头附近充电，还会经常随手把正在充电的手机放在被褥上，这习惯隐藏着非常大的火灾隐患。

3. 不要使用已经破损的充电线充电。这个行为存在人体触电和充电器短路引发火灾两个方面的隐患。

4. 不要混用不同手机的充电器。

5. 充电时人不要离开。

当充电保护电路出现问题，过充的手机电池就有可能起火

第十章　家电防火 | 091

世上没有不坏的东西，充电保护电路也一样会出故障

四、使用电热设备取暖的防火注意事项

1. 连接电暖气等电热设备的电源插座、导线要有足够的容量。

2. 不要与其他大功率家用电器共用一排插座,也不要与其他大功率的家用电器同时使用,以防止线路过载引起火灾。

3. 用电热设备之前应先看懂说明书。

4. 使用时应有专人看管,确保人走断电。

5. 禁止电热设备靠近易燃物品如沙发、床具等使用。

6. 不能使用电热设备烘烤易燃易爆物品。

7. 严禁在存有易燃易爆物品的房间内使用电热设备。

8. 发现电热设备的导体绝缘层损坏应及时更换,否则不能使用。

9. 电热器等电热取暖设备在使用完毕后应及时断电,待其冷却后方可收起。

五、使用电熨斗的防火注意事项

1. 避免电熨斗的电源插口受潮并保证插头与插座接触紧密。

2. 电熨斗通电使用时操作人员不要离开。

3. 电熨斗应避免长时间通电,以防电熨斗过热,烫坏衣物、引起燃烧。

4. 在熨烫衣物的间歇,要把电熨斗竖立放置在专用的电熨斗支架上,切不可放在易燃的物品上或下面有可燃物质的铁板上。

5. 熨烫衣物时需要接听电话或接待来访客人前,一定要关闭电熨斗电源并妥善放置。

6. 刚刚断电停用的电熨斗不可随意乱放,要待其完全冷却后才可收存起来。

大量使用电熨斗的行业如服装行业等,应有专门的管理制度并有专人统一进行管理。

案例一：出门忘关取暖气，宠物猫和所有东西都遭殃

2023年12月7日，某市一女生早上出门忘关取暖器，结果家中失火，屋内一只猫被烧死，家里存放的8000元现金被烧成灰，很多贵重衣服、包和家具也没了，加上赔偿，损失近8万元。

案例二：熨衣服引发火灾，老人被困，消防员火场救人

2022年1月6日18时48分左右，在某市江北路附近一居民家中突发火灾。当时，一老人在其家中使用电熨斗熨烫衣服时不慎着火引燃被褥发生火灾，老人被困在8楼的室内。

消防员到场后，迅速冲入着火的屋内给老人戴上防护面罩，将老人转移到楼下的安全地带，使用室内消火栓供水对室内明火进行扑救。火灾未造成人员伤亡。

案例三：忘记拔插头，两万元财产成灰烬

2023年9月10日下午2时32分，某区一居民住宅户主在熨烫衣物时，由于有事外出，临行前忘记将电熨斗的

插头从插座上拔下,以致电熨斗过热烤燃桌布从而引发火灾。

失火住宅浓烟滚滚,红红的火舌不时蹿出窗口,消防救援人员用近半个小时将大火扑灭,幸无人员伤亡。

六、电视机的防火注意事项

电视机家家必备，着火事件时有报道。特别是森林草原地区，要予以足够重视。

1. 电视机应放置在通风良好的位置上，周围至少应该有 8~10 厘米空隙。

2. 电视机附近不应有易燃物。

3. 电视机通电使用时，应揭下电视机防尘罩放在一边，看完电视关机后，应待机身冷却后再罩上。

4. 防止小孩把异物如硬币、曲别针等插入电视机内而引起高压触电、着火。

案例：电视机火灾

2015 年 7 月 16 日，某省一民宅电视机起火燃烧，事发时家中无人。火被扑灭后，屋子墙壁只剩下黑色的火烧痕迹，家具、被褥等用品都已经无法再使用。

起火原因：火源为未拔下插头的电视机。

七、使用电热毯、电暖宝的防火注意事项

1. 不买粗制滥造、无安全措施、未经检验合格的产品。

2. 首次使用或长期搁置后再使用,应在有人监视的情况下先通电一定时间,确保安全。

3. 使用前应仔细阅读说明书,特别要注意使用电压,千万不要把36伏的低压电热毯接到220伏的电压线路上。

注意:使用进口电热毯时一定要看清楚电压要求,不可疏忽大意。

4. 减少折叠次数,不要在沙发上、席梦思上和钢丝床上使用直线电热线型电热毯,防止断线打火引发火灾。

5. 注意防潮,特别要防止小孩或病人尿床。

6. 避免电热毯与人体直接接触,不能只在电热毯上铺一层床单使用,以防人体的揉搓使电热毯线路堆积、打褶,导致局部过热或电热线损坏,发生事故。

7. 普通型电热毯不要与其他热源(如热水袋,火炕)同时使用,避免造成局部过热引发火灾。

8. 清洁电热毯、电暖宝只能使用刷子刷洗,不能用手揉搓,以防折断电热线。

9. 人员离开时一定要切断电源。

案例一：电热毯未关电源酿火灾

某省一小区2楼，因卧室内电热毯忘关电源引发火灾。

当时现场浓烟滚滚，消防救援人员到达后，立即展开搜救和灭火工作，将被困人员转移到楼下安全地带，随后使用水枪灭火。

经过一番处置，现场明火被全部扑灭，屋内已是一片狼藉。

案例二：电热毯暖床烧出大洞

某市一女生铺电热毯暖床，刚坐下就觉得脚下特别烫。掀开被子一看，电热毯已经烧坏了，被子也被烧了个大洞，还好发现及时，没有造成更大的损失。

案例三：电热毯温米酒，床铺被烧黑

2022年1月的一天凌晨，某省一住户家中冒出阵阵浓烟。消防员到场时火势已被扑灭，起火物为床上棉被，而起火原因是家中两位老人想煮点米酒，就用电热毯包着棉被在床上温米酒，然后去客厅看电视，结果睡着了。楼上住户发现有浓烟冒出后报警。

案例四：电热毯烧卧室狼藉一片

2022年10月9日，某市一小区着火，接警后消防救援人员立即前往灭火。经调查，起火原因为卧室内电热毯故障引发火灾。

第十一章　燃气防火

燃气使用安全歌

厨房空气流通好,中毒爆炸避免了。

气管气表和灶具,三样安装要牢靠。

经常检查燃气管,先关后修忌火苗。

燃爆物品管理好,远离燃气最重要。

用气设备很关键,不可随意来拆换。

先点火来后开气,人走灭火要牢记。

使用火焰要调好，莫使火苗乱飘摇。

儿童一定要管严，不准玩弄火和灶。

及时检查及时修，所有隐患处理掉。

一、家用燃气基本知识

（一）家用燃气包括天然燃气和人工燃气

1. 天然燃气

包括天然气、石油气、沼气、煤矿矿井气等，它们都是蕴藏于地层内的可燃气体，主要成分是一些低分子烃。

2. 人工燃气

主要有石油气、焦炉气、发生炉煤气和人工沼气等。

家用燃气通常以管道或瓶装方式提供给用户使用。

家用燃气是家庭火灾的重要危险源之一

（二）家用燃气的基本特性

家用燃气主要由轻质烃类气体、一氧化碳、氢气等可燃气体组成，其主要特性如下：

1. 易燃、易爆性。

有较低的爆炸下限和较宽的爆炸极限范围。有较低的沸点，在常温常压下即可迅速气化。

一旦发生泄漏，就能在较短时间内产生大量蒸气，远距离的明火也能将其点燃而引起燃烧爆炸。

有较低的闪点和燃点。

2. 燃烧热值大，火焰温度高，燃烧快。

3. 毒性和窒息性。

家用燃气都具有毒性和窒息性，其中一氧化碳的毒性最大。

另外，大部分燃气在不完全燃烧的情况下，都会产生一氧化碳。

4. 液化气膨胀系数大。

5. 液化气电阻率高，易于产生静电。

（三）检查家用燃气是否泄漏的方法

定期检查燃气线路各个连接部位，如果发现泄漏，应立即联系燃气公司技术人员进行处理。检查方法就用中医的"望、闻、问、切"四字来帮助记忆吧。

1. 望——查看气表

关闭家里的所有燃气用具,在不用气的情况下观察气表末位红框内的数字,如果数字走动,则可判断为燃气泄漏。

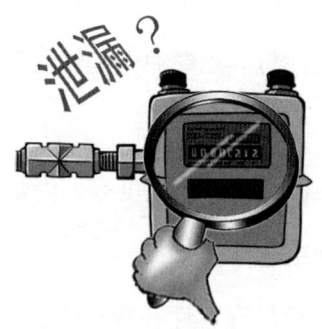

2. 闻——闻气味

如果厨房或家里无缘无故有类似臭鸡蛋的味道,则应立即联想到是否有燃气泄漏。当然,如果家中安装有燃气泄漏报警器,还可以根据报警器来判断燃气是否泄漏。(提醒:世上没有不坏的东西,燃气泄漏报警器也存在失灵的可能。)因此,一旦闻到可疑气味,绝对不能大意。

3. 问——自问

每次出门应自问:"燃气关了没有?"

使用燃气时不能离人,用完燃气后不要忘记关掉燃气阀门、气灶开关。

4. 切——涂肥皂水诊断漏气

在怀疑有漏气的地方（软管、各部件接口处等）涂抹肥皂水或洗洁精水，如果出现小气泡并不断增多，则断定该部位存在燃气泄漏的情况。

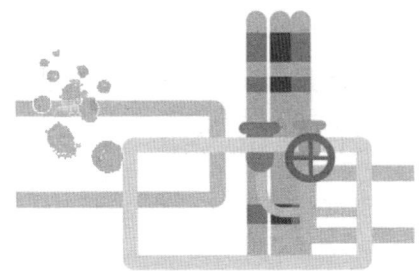

注意：

燃气灶具的连接软管是薄弱环节，发现老化及时更换。

多起燃气泄漏的火灾爆炸事故都是由静电放电作为点火源引发的（干燥季节时，穿、脱含有化纤成分的内衣时常能体会到静电放电的存在)。

(四)几点注意事项

1. 不要使用不合格的燃气灶具及配件,选用带熄火保护功能的灶具更安全。

2. 不要擅自拆、改燃气管道和设备。

3. 装修房屋时,不要将燃气管道、阀门、燃气表、燃烧器具等燃气设施密封或安装在墙壁、吊顶、厨柜内。

4. 不要在燃气设施上捆绑、悬挂物品,不要在使用燃气的房间住人和堆放杂物。

案例:安全生产月中,一周发生3起液化气爆炸事故

2022年6月21日上午,某区一公馆一层的一门头房因液化气罐泄漏引发爆炸事故,共造成13人受伤,其中3人因伤情恶化,抢救无效死亡。

同日16时45分许,该区另一地又发生一起燃气爆燃事故。

6月24日上午,某地一商业街广场商铺发生燃气爆炸,现场10人受伤,被送往医院救治。

二、燃气泄漏的处置原则

如果闻到很重的燃气气味就说明发生了燃气泄漏。

（一）避免一切点火源

1. 严禁使用任何明火。

2. 严禁触动任何电器开关。

3. 严禁在燃气泄漏范围内使用电话等非防爆电子设备。

4. 严禁任何形式的金属物品碰撞。包括带铁钉的鞋底与石质地面的碰撞。

处理燃气泄漏事故的关键是保持镇静、方法得当。

（二）迅速查明漏气点并妥善处理

1. 首先关闭燃气总闸。

2. 如果是钢瓶阀门损坏，应迅速把泄漏的钢瓶转移到室外空旷地带并妥善处理。

3. 如果查不到泄漏点，则有可能是楼上或楼下邻居家里出现了燃气泄漏,应立即到室外打电话报警。

(三)及时排除漏气

此时要尽快打开门窗,加强室内外空气对流,降低室内泄漏燃气的浓度。

注意:是打开门窗而不是打开换气扇或抽油烟机。

三、家用燃气的安全使用要点

家用燃气的主要风险是：泄漏引起人员中毒窒息，遇到火源引起火灾、爆炸。

1. 使用合格气瓶，禁止使用超期未检验的气瓶。严禁用户私自安装、改装天然气管线和设备。

2. 厨房应保证空气通畅。钢瓶应放置在便于操作、方便检查、干燥且远离热源的地方，直立使用。

3. 灶具要安装在避风的地方，避免使用中被风吹熄火焰造成燃气大量聚集。与气表及周围可燃物之间要保留足够的安全间距。

4. 钢瓶与灶具之间的安全距离为 0.5~1 米，按要求使用 1.0~1.5 米耐油胶管连接。

5. 新换回的气瓶安装完毕后，应首先检查连接点是否严密，确保无泄漏。

6. 人工点火时，要遵守"火等气"的原则。即"先点火后开气"。

7. 燃气点火燃烧后，必须有人照看。

8. 燃气使用完毕，应关紧钢瓶角阀和燃具开关。睡前要检查燃气系统，确保阀门关闭、明火熄灭。

9. 严禁敲击、碰撞、火烤和用开水烫燃气钢瓶，严禁倾倒钢瓶使用。

10. 严禁将钢瓶放在烈日下暴晒，严禁将钢瓶放置在火炉、暖气片等高温物体附近。

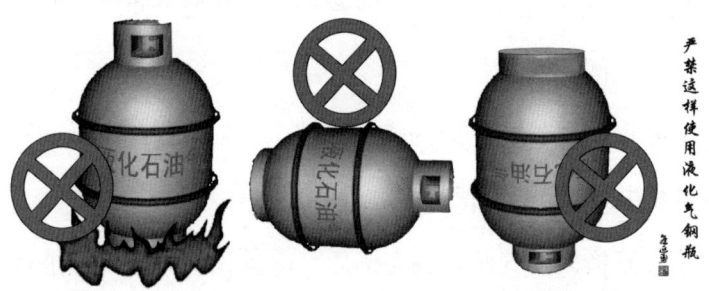

11. 严禁随意倾倒气瓶内的残液。

12. 严禁随意拆卸、调整减压阀。

13. 严禁将气瓶内的气体向其他气瓶倒装。

第十二章　食、住、行的防火

一、确保消防通道畅通

消防通道是消防人员实施营救和被困人员疏散逃生的通道，比如楼梯口、过道和小区出口处等。

住宅小区中，从室内到外边地面的楼梯，小区内到外面公路的道路都属于消防通道。

消防通道就是生命通道，消防通道的畅通是迅速扑灭火灾、抢救人民群众生命财产、减少火灾损失的重要前提，不能随便占用，必须时刻保持畅通。如果消防通道被占，将给小区业主的生命财产安全带来重大隐患。

《中华人民共和国消防法》规定：任何单位、个人不得占用、堵塞、封闭疏散通道、安全出口、消防车通道。人员密集场所的门窗不得设置影响逃生和灭火救援的障碍物。

不要在走廊、楼梯口、安全通道等处堆放杂物，确保通道和安全出口的畅通。

案例：某商厦火灾

2011年3月28日晚8时11分，某市某商厦日杂批发商城发生火灾，经过15个小时才将大火扑灭。整座商厦除地下一层外全部过火。火灾导致1名巡更人员死亡，初步估算财产损失过亿元。

由于该商厦四周都悬挂着巨幅广告牌，最大的有两层楼高，封堵了所有窗口，使得灭火工作无法顺利展开。消防车到场后，由于火势已经进入猛烈发展阶段，加上室内火灾被广告牌挡住，射水水流不能进入起火部位，难以有效灭火，后向市政求援调派 2 部挖掘机，耗时 2 小时后才拆除一处广告牌，错失了最佳的扑救时机。

教训：不得设置妨碍火灾扑救的设施。

二、厨房烹饪防火要点

1. 在厨房配备一个灭火器。

2. 厨房必须保持清洁，随时清除染有油污的抹布、纸屑以及炉灶油垢。

3. 烹饪时切勿离开或分神，有客人来访或有急事如接打电话时，请及时关闭灶火。

4. 易燃易爆危险物品如燃气钢瓶、烹饪油、打火机、火柴、油精等，不可放置于炉具或火源附近。

一般来说，家庭的厨房是使用明火最多最频繁的地方

5. 抽油烟机、排气扇等应经常清洗、检修。

6. 大功率厨房电器应错时使用。

7. 电器、线路切勿靠近燃气管线。

8. 严禁燃气钢瓶横放使用。

9.定时检修厨房电器、线路、燃气管线及接头，防止因油污腐蚀等形成事故隐患。

10.严格遵守灶具点火、熄火及使用有关操作规程。每次操作结束后，要及时清理厨房，检查电源及燃气、热源、火种等，确定其有效关闭。

注意：在炒菜时接听电话或接待客人来访往往会忘记时间，特别是当来电话者或来访的客人是自己多年不见的好朋友时，一时激动会把什么都忘在脑后，后果可想而知。

三、楼房火灾特点

相对于平房来说,楼房火灾的处理难度更大。

1. 火情不易发现,火势难以控制。

2. 上下左右都有住户,人员难以疏散。

3. 高层建筑极易在楼梯中形成烟囱效应,致使火势迅速发展、蔓延。

4. 极易造成惨重的损失和重大伤亡。

四、楼房住户防火要点

1. 规范安装、使用燃气。

2. 不能在楼道或楼梯间等处使用燃气灶具。

3. 经常检查燃气系统是否漏气。

4. 安装可燃气体报警器。

5. 规范安装、使用家用电器。

6. 家中不要存放易燃易爆危险化学品。

不要在家中存放汽油、轻质油、酒精、香蕉水等易燃易爆物品

7. 阳台上不要堆放大量可燃物。

8. 妥善处理燃烧余烬,慎重使用明火。

9. 不要让小孩玩火。

10. 不要在楼上燃放鞭炮。

不要在家中存放超过 0.5 升的汽油、轻质油、酒精、香蕉水等易燃易爆物品。对存放家中的烟花爆竹、发胶等在一定温度下能够自燃的危险品要妥善保管。

五、高层建筑防火

（一）完善消防设施

高层建筑的消防设计、施工和验收应严格按照消防法律法规和技术标准的要求执行。重点包括火灾探测报警系统、喷水灭火系统、防排烟系统、火灾应急照明和疏散系统、应急广播系统、避难层等。

（二）装修材料符合消防要求

高层建筑的装修，从设计、施工到验收，应符合消防法律法规和技术标准的要求。避免采用可燃、易燃和燃烧后产生大量有毒气体的材料装修。

案例一：

2023年10月18日下午5时，某城区政府大楼突发火灾，起初是大楼右边开始冒烟，随后才燃起了明火，现场的火势很大，明火伴随着浓烟不断从破碎的窗户处蹿出，有玻璃被烧裂之后从高空坠落。起火的位置疑似是机房。

案例二：

2023年5月7日11时54分，某镇一小区1号楼电缆井发生火灾，造成5人死亡，过火面积约10平方米，直接经济损失840.42万元。

死亡的5人中，2人遇难于1单元17层北侧电梯轿厢内，3人遇难于1单元27层电梯前。

案例三：

2015年7月11日，某小区电缆井失火，事故造成7人死亡、12人受伤。

案例四：

2022年2月14日，某市一栋18层的居民楼起火，起火点为7楼电缆井，消防员在15楼发现一名倒在地上的男子，不幸的是，该男子经抢救无效死亡。

（三）加强消防安全管理

高层建筑的消防安全管理应当严格按照消防法律法规和技术标准施行。确保消防设施时刻处于完整好用状态，确保疏散通道、安全出口时刻处于畅通状态,常闭式防火门时刻处于关闭状态等。

(四)提高人员消防素质

管理人员、员工应当强化消防意识,努力提高消防安全技能。对高层建筑的疏散通道、安全出口了然于胸,积极参加有组织的灭火疏散演练。

六、外出度假家庭防火要点

全家外出度假,人走屋空,一旦发生火灾,不仅对家庭经济造成惨重的损失,也给四邻带来巨大伤害。

因此,外出之前必须做全面的安全检查。

1. 检查液化气罐上的阀门是否正确关闭,炉灶上的阀门是否关严。

2. 检查天然气入户总管上的阀门是否关死,炉灶上的阀门是否关严。

3. 检查室内各种电源插头是否拔掉,最好拉闸停电。

4. 检查所有可燃物、着火源是否妥善安置。

5. 检查各处水龙头是否关严。

6. 检查存折、债券、贵重物品是否妥善保管。

7. 检查门窗是否关好。

8. 在可靠亲朋处留下房门备用钥匙。

9. 给对门或楼上楼下的邻居留下联系方式,一旦出现意外情况,便于及时联系。

四、楼房住户防火要点

1. 规范安装、使用燃气。

2. 不能在楼道或楼梯间等处使用燃气灶具。

3. 经常检查燃气系统是否漏气。

4. 安装可燃气体报警器。

5. 规范安装、使用家用电器。

6. 家中不要存放易燃易爆危险化学品。

不要在家中存放汽油、轻质油、酒精、香蕉水等易燃易爆物品

7. 阳台上不要堆放大量可燃物。

8. 妥善处理燃烧余烬,慎重使用明火。

9. 不要让小孩玩火。

10. 不要在楼上燃放鞭炮。

不要在家中存放超过 0.5 升的汽油、轻质油、酒精、香蕉水等易燃易爆物品。对存放家中的烟花爆竹、发胶等在一定温度下能够自燃的危险品要妥善保管。

五、高层建筑防火

（一）完善消防设施

高层建筑的消防设计、施工和验收应严格按照消防法律法规和技术标准的要求执行。重点包括火灾探测报警系统、喷水灭火系统、防排烟系统、火灾应急照明和疏散系统、应急广播系统、避难层等。

（二）装修材料符合消防要求

高层建筑的装修，从设计、施工到验收，应符合消防法律法规和技术标准的要求。避免采用可燃、易燃和燃烧后产生大量有毒气体的材料装修。

案例一：

2023年10月18日下午5时，某城区政府大楼突发火灾，起初是大楼右边开始冒烟，随后才燃起了明火，现场的火势很大，明火伴随着浓烟不断从破碎的窗户处蹿出，有玻璃被烧裂之后从高空坠落。起火的位置疑似是机房。

案例二：

2023年5月7日11时54分，某镇一小区1号楼电缆井发生火灾，造成5人死亡，过火面积约10平方米，直接经济损失840.42万元。

死亡的5人中，2人遇难于1单元17层北侧电梯轿厢内，3人遇难于1单元27层电梯前。

案例三：

2015年7月11日，某小区电缆井失火，事故造成7人死亡、12人受伤。

案例四：

2022年2月14日，某市一栋18层的居民楼起火，起火点为7楼电缆井，消防员在15楼发现一名倒在地上的男子，不幸的是，该男子经抢救无效死亡。

（三）加强消防安全管理

高层建筑的消防安全管理应当严格按照消防法律法规和技术标准施行。确保消防设施时刻处于完整好用状态，

第十二章 食、住、行的防火 | 123

当心火灾

家庭是火患多发区域之一

第十三章　公众聚集场所的消防安全

　　公众聚集场所是指宾馆、饭店、商场、集贸市场、客运车站候车室、客运码头候船厅、民用机场航站楼、体育场馆、会堂以及公共娱乐场所等。

　　而公共娱乐场所因其设备设施的多样性、环境的复杂性，以及服务对象流动性等特征，消防管理难度更大，万一发生火灾，往往有可能造成群死群伤和较大的社会影响。

案例一：

1994年12月7日，某地教委组织15所中小学的15个规范班学生及教师、家长等796人，在某宾馆举行文艺汇报演出。

16时20分，因舞台上方的照明灯引燃幕布蔓延发生火灾。该宾馆共有7个向室外疏散的出口，演出时，两侧和舞台左侧共5个出口都被关闭并上锁，导致现场人员无法疏散。

此次火灾造成325人死亡，132人受伤，其中重伤68人，直接经济损失210.9万元。

案例二：

2000年12月25日21时35分（圣诞狂欢夜），某市某商厦发生特大火灾事故，造成309人死亡，7人受伤，直接财产损失275万元。

法医鉴定结果显示，309人均为吸入式窒息死亡，其中男性135人，女性174人。

经查，火灾地点是设在该商厦底层的歌舞厅，数百人正在进行圣诞狂欢。

此次火灾是因为经营期间违章动火作业所致。

案例三：

1985年4月19日凌晨，某市某饭店11楼发生火灾。大火波及21间客房，其中6间全部烧毁。在大火中有10人丧生（其中有外宾6人），重伤7人（其中有外宾4人），直接经济损失约250 000元。

经查，当天晚上，一名外国工程师曾去某炼油厂赴宴，喝了许多酒。回到饭店后躺在床上抽烟，入睡时，烟头掉落在床上，引燃床上被褥。经过一段时间的阴燃后引发火灾。

案例四：

2023年10月29日5时57分，某县一便利店发生火灾。接警后，消防救援人员立即赶赴现场处置。6时18分，火势被控制，现场搜救出3人送医救治。8时20分，据医院反馈，3人经抢救无效死亡。

据了解，着火建筑为7层框架结构，1层为沿街店铺，2至7层为住宅。着火部位位于1层，过火面积约30平方米，主要燃烧物质为家具和生活用品。

案例五：

2023年4月7日，某市一汽配城一门面房发生火灾，过火面积约70平方米。着火物质为修车铺杂物，火灾共造成3人死亡。

案例六：

2022年5月10日，某市一沿街商铺深夜发生火灾。着火场所上面有一个阁楼层，阁楼层里住了两个大人和一个小孩。此次火灾过火面积约60平方米，造成3人死亡。

一、公众聚集场所防火

（一）防火须知

1. 按规范配备消防器材并严格管理和正确使用。

2. 公共场所的门要采用向外推开式。

3. 公共场所的安全出口严禁堵塞。

4. 公共场所严禁堆放可燃物品。

5. 公共场所的大功率热能辐射设备如灯具等要加防护罩。

案例一：

2023年2月14日，某市某酒店发生火灾事故，造成27人死亡、35人受伤。据查，火灾原因是酒店内的电气线路老化，电路短路。

案例二：

2023年3月20日，某市某商场发生火灾事故，造成9人死亡、20人受伤。据查，火灾原因是商场内的消防设施失效，无法及时控制火势。

案例三：

2023年10月29日，某县一沿街便利店发生火灾，过火面积约30平方米，主要燃烧物质为家具和生活用品，事故导致3人死亡。

案例四：

2023年5月29日4时35分，某街道一间临街商铺发生火情。接警后，消防救援人员立即前往处置，火情得以及时扑灭。此次火灾造成商铺内2人死亡。

案例五：

2023年8月18日凌晨1时02分，某村一客栈发生一起火灾，过火面积约240平方米。事故造成9人不幸遇难、2人受伤。

案例六：

2023年7月10日9时50分，某景区突发火灾。据现场群众介绍："听到突然爆了一声，然后看到窗户掉下来，再就有烟雾，之后听到接二连三的爆炸声。起火后有客栈里的人从三楼跳出，好在被下面的人接住了。"

案例七：

2023年7月26日深夜，某市一客栈发生火灾。消防救援人员到场后，扑灭火灾，并成功营救被困人员3人，疏散被困人员17人，所幸无人员伤亡。

案例八：

2022年11月25日，某地一农家院发生火灾，过火面积50平方米。据悉火灾原因为线路老化起火，并导致木制房屋迅速燃烧。

案例九：

2022年6月17日，某州一民宿吧台突然起火，导致5人被困楼顶阳台。消防员及时到场灭火，被困人员全部得救。

（二）消防管理要点

1. 严禁带入和存放易燃易爆物品，严禁在营业时间进行设备检修、电气焊、油漆粉刷等施工、维修作业。演出、放映场所内的观众厅内禁止吸烟和明火照明。

2. 营业时，不得超过额定人数。应保证疏散通道畅通无阻，严禁将安全出口上锁、堵塞。

3. 应有明确的消防安全责任人。公共娱乐场所的法人代表或主要负责人是消防安全责任人，应对本单位场所的消防安全工作负责。场所房产所有者与其他单位、个人发生租赁、承包关系时，应明确消防安全工作由经营者负责。

4. 应当制定防火安全管理制度，并制定紧急疏散方案。在营业时间和营业结束后，应当指定专人进行安全巡视检查。

5.应建立全员防火安全责任制度，全体员工都应熟知必要的消防安全知识，做到会报火警，会使用灭火器材，会扑救初起火灾，会组织人员疏散。

6.新职工上岗前必须进行消防安全培训。

临街商铺火灾危险性需要引起重视。临街商铺大多密集堆放着商品杂货，存在较大的消防安全隐患。

临街商铺店面较小，但门店相连，一旦发生火灾，除了造成巨额财产损失，还可能造成严重人员伤亡。商家们在经营店铺生意时，要时刻留意消防安全隐患，并定期排查。

案例：

2023年9月18日，某市3家临街铺面发生火灾，过火面积约180平方米。着火物质为日杂百货，事故造成1人死亡。

二、公共娱乐场所防火

公共娱乐场所是指向公众开放的影剧院、录像厅、礼堂等放映场所，舞厅、卡拉OK厅等歌舞娱乐场所，具有娱乐功能的夜总会、音乐茶座和餐饮场所，游艺、游乐场所，保龄球馆、旱冰场、（桑拿）浴室等营业性健身、休闲场所。

（一）公共娱乐场所的火灾危险性

公共娱乐场所的建筑功能复杂，社会性强，服务一体化，人员集中。

1. 室内装修、装饰使用大量的可燃易燃材料。
2. 用火、用电、用气、用油多，着火源多且不易控制。
3. 人员集中，疏散困难，易发生群死群伤事件。
4. 火灾蔓延快，扑救困难。
5. 发生火灾后损失大、伤亡大、社会影响大。

（二）公共娱乐场所安全疏散通道、照明及指示标志相关要求

1. 疏散出口及门的要求。

太平门应为推开式门，门口不应设置影响疏散的遮挡物。

公共娱乐场所在营业时，必须确保安全出口和走道畅通无阻，严禁将安全出口上锁、堵塞。

公共娱乐场所室外宜设置相应的消防车道。

2. 观众厅内疏散走道、应急照明和疏散指示标志等的布置应符合消防管理规定。

3. 公共娱乐场所消防器材和灭火设施的设置应符合国家消防技术规范对综合性建筑的防火要求。

第十四章　人员密集场所消防安全

　　人员密集场所，是指公众聚集场所。如医院的门诊楼、病房楼，学校的教学楼、图书馆、食堂和集体宿舍，劳动密集型企业的生产加工车间和员工集体宿舍，公共图书馆的阅览室、博物馆的展示厅、公共展览馆，还有养老院、福利院、托儿所、幼儿园、旅游及宗教活动场所等。

一、机关、团体、企业、事业单位的消防工作

（一）单位怎样防火

1. 单位应当逐级落实消防安全责任制和岗位消防安全责任制，明确每一级的岗位消防安全职责，明确各级、各岗位的消防安全责任人。

2. 消防安全责任人应当认真履行职责，贯彻执行消防法律法规，保障单位消防安全符合规范要求；掌握本单位的消防安全情况；将消防工作与本单位的生产、经营、管理等活动统筹安排，批准实施年度消防工作计划；为本单位的消防安全提供必要的经费和组织保障；确定逐级消防安全责任，批准实施消防安全制度和保障消防安全的操作规程；组织防火检查，督促落实火灾隐患整改，及时处理涉及消防安全的重大问题；根据消防法律法规的规定建立专职消防队、志愿消防队，组织制定符合本单位实际的应急疏散预案，并定期演练。

3. 消防安全重点单位应当进行每日防火巡查，确定巡查人员、内容、部位和频次。其他单位可以根据需要组织防火巡查。

巡查的内容应当包括：用火、用电有无违章情况；安全出口、疏散通道是否畅通，安全疏散指示标志、应急照明设备是否完好；消防设施、器材和消防安全标志是否在位、完整；常闭式防火门是否处于关闭状态，防火卷帘下是否堆放物品；消防安全重点部位人员的在岗情况等。

案例一：某公司擅自关闭消防报警设施

2022年5月10日，消防部门检查发现，某酒店用品有限公司可燃气体报警装置停用。

该区域内存放大量油漆、稀释剂等危险化学品，公司消防安全管理人李某某擅自关闭直接关系生产安全的消防报警设施行为，构成危险作业罪，法院依照《中华人民共和国刑法》第一百三十四条之一规定，判决李某某犯危险作业罪，判处有期徒刑八个月。

案例二：某公司擅自关闭自动消防设施

2022年3月31日，消防部门检查发现，某塑胶有限公司生产车间内的自动消防设施瘫痪，存在车间内设置宿舍并违规住人等严重消防违法行为。

公司副总经理张某某擅自关闭自动消防设施的行为，构成危险作业罪，法院依照《中华人民共和国刑法》第一百三十四条之一规定，判决张某某犯危险作业罪，判处拘役五个月，缓刑九个月。

（二）消防安全责任人

1. 单位的主要负责人是本单位的消防安全责任人。

2. 落实消防安全责任制，制定本单位的消防安全制度、消防安全操作规程，制定灭火和应急疏散预案。

3. 按照国家标准、行业标准配置消防设施、器材，设置消防安全标志，并定期组织检验、维修，确保完好有效。

4. 对建筑消防设施每年至少进行一次全面检测，确保完好有效，检测记录应当完整准确，存档备查。

5. 保障疏散通道、安全出口、消防通道畅通，保证防火防烟分区、防火间距符合消防技术标准。

6. 组织防火检查，及时消除火灾隐患。

7. 组织进行有针对性的消防演练。

案例一：液氨爆炸

2013年6月3日6时10分，某省一禽业有限公司的主厂房发生特别重大火灾爆炸事故，共造成121人死亡、76人受伤，17 234平方米主厂房及主厂房内生产设备被损毁，直接经济损失1.82亿元。

造成起火的直接原因是，公司主厂房一车间女更衣室西面和毗连的二车间配电室的上部电气线路短路，引燃周围可燃物。当火势蔓延到氨设备和氨管道区域时，燃烧产生的高温导致氨设备和氨管道发生物理爆炸，大量氨气泄漏，并开始燃烧。

教训：人员密集场所应远离重大火灾危险源。

案例二：违规操作引爆危险化学品

2023年4月15日，某市一化工厂发生火灾事故，造成6人死亡、10人受伤。据查，火灾原因是化工企业安全管理不到位，员工违规操作引爆厂内的化学品，继而引起了大火。

教训：加强安全管理，认真遵守安全操作规程。

案例三：故宫太和殿失火

1994年2月9日，气势恢宏的故宫太和殿突然发生了严重火灾，火势极为猛烈，烟雾弥漫。由于故宫属于文物古迹保护单位，历史悠久，基于保持原貌的原则而无法对其设备设施进行大规模的改变，因此它的防火系统并没有像现代建筑那样普及和完善，当时现场能使用的灭火工具只有现场配置的灭火器材，火灾救援非常困难。

故宫是中国古代帝王的官邸，有着悠久的历史和文化积淀。在其中最为闻名的建筑当属太和殿了，它是中国古代城墙中心坐标点的标志性建筑之一，也是故宫中形制最高大的建筑物。这场火灾造成的损害无疑是巨大的。据查，火灾起因是因为连续的高强电极放电引燃了建筑内的木结构物件。

教训：古代建筑防火设计无法适应现代消防要求，特别是大量使用的电力设施更是突出了这一不足，而且由于材料多为木质结构，更容易燃烧。

二、校园防火

校园人员密集且多为青少年，可燃易燃物较多。一旦发生火灾，不仅威胁人的生命和财产安全，而且还会造成严重的社会影响。

（一）校园火灾类型和风险因素

1. 生活用火引发火灾的风险因素

学校的炊事用火、取暖用火、照明用火，另外点蚊香、吸烟，以及在宿舍内违章安装使用燃气、燃油用具，私拉乱接电线，违规使用大功率电器设备等，都有可能引发火灾。

案例一：晾在阳台上的衣服起火被烧着

2023年6月20日，某工业学院的高层宿舍发生火灾，学生晾在阳台上的衣服被烧着，现场浓烟一片。由于现场有男生立即展开灭火，消防人员也及时赶到，火势很快得到控制，所以火灾波及范围不大，火灾中有人受伤送医救治。

校园宿舍属于人员密集场所，用电量大且可燃物多，万分之一的概率发生火灾则会造成百分之百的伤害。

案例二：高校电路故障引发火灾，2学生受伤

2023年5月9日，某省一高校宿舍发生火灾，起火位置在三楼，有明火和浓烟从窗户和门中蹿出，在楼下空地上，有人趴在地面上。有2名学生在避险过程中不慎受伤。火情发生后，学校工作人员及时赶赴现场，将受伤学生送往医院救治，并配合当地消防救援人员扑灭明火。起火原因是由电线线路引起的。

案例三：在宿舍吸烟引发火灾

2022年6月，某省一高校，一男生宿舍突发火灾。消防救援人员迅速赶赴现场，扑灭了火势，没有人员伤亡。起火原因初步鉴定为吸烟遗留火种引发火灾。

2. 不当用电引发的电气火灾

教学活动需要使用大量的电器设备，教职工和学生生活中用到的电视机、电脑、充电宝、插座、台灯、电吹风等，还有违规购置的电热毯、"热得快"等电热器具，

若管理不善、使用不当或维护不到位,都有可能引发火灾。

超过导线负荷用电可能使导线发热着火

风险因素:由于宿舍所设的电源插座较少,违章私拉乱接电源线路现象普遍,不符合安全规范的安装操作致使电源短路、断路,接点接触电阻过大、负荷增大的可能性增加。使用不合格的电器产品,电热器大量不规范使用等情况都存在发生火灾的可能。

超负荷用电跳闸时可能引发电器火灾

3. 实验用品引发的火灾

学校实验课中用到的很多实验用品如酒精等都是易燃物品，还有很多可以在空气中发生自燃的实验用品。

自燃是物质自行燃烧的现象。实验室用到的黄磷、锌粉、铝粉等燃点低的一类物质在自然环境下就可燃烧；钾、钠等碱金属遇水即可剧烈燃烧，对此类可自燃的实验用品如果管理不善就会发生自燃进而可能引发火灾。

风险因素：管理制度不健全、执行不规范。

实验室防火防爆是校园消防安全管理的重要内容之一

4. 不良行为习惯自省

自问一下，是否存在以下这些行为习惯？

习惯一：手机充电器是否一直不拔？

习惯二：用完电脑直接关显示屏而懒得关总电源？

习惯三：是否将开着电源的吹风机随手放在床上或易燃物品附近？

习惯四：是否会给宿舍或蚊帐里挂各种可爱的装饰灯？

习惯五：是否会在宿舍里煮个火锅、炒个菜享受一下生活？

……………

很多看似不起眼的小习惯其实都潜藏着消防隐患，是火灾的萌芽！一定要严肃对待！

（二）学校消防管理要点

1.加强师生的消防安全教育，提高消防安全人人有责、保护消防设施、预防火灾的消防安全意识。普及消防安全知识，做到人人懂得火灾危险性、懂得防火措施、懂灭火方法，人人会报火警、会使用消防器材、会扑灭初起之火、会疏散自救等。

2.确保校园内各种消防设施良好。定期检查、维护，保证设施完好率达到100%，各项检查记录完整规范。

3.确保消防通道和安全出口畅通，安全疏散指示标志应齐全且明显，应急照明装置完好，每一间教室、宿舍都贴有本层安全逃生指示图。

4.在图书馆、实验室、微机室等人员较多场所的明显处设置禁止烟火等警示标志，在校园内禁止私拉乱接电线、私接任何家用电器。

5.易燃易爆的实验用品要做到专门存放，按规范要求配备消防器材。在做实验之前，教师应该向学生重点强调实验过程中的注意事项，做好教学示范，指导学生正确规范操作实验，防止违规和不慎操作酿成火灾。

（三）养成良好习惯提升消防素质

1.禁止携带烟花爆竹和火柴打火机等进入校园。

2.实验用的易燃易爆物品要有专门库房存放，严格执行登记制度，随用随领，不得在实验室等处存放。

3.定期检查教室、实验室、库房、宿舍、食堂、活动室等处的电器、线路、相关设备的安全状况，认真检查漏电保护器等安全防护装置的完好情况，认真检查消防设施的完好情况。

4.认真执行消防风险位置"人走断电"的规定。

（四）宿舍区域也是防火重点部位之一

1. 严格执行安全管理规定，严禁私拉乱接电线。

2. 禁止使用电热杯、电炉、"热得快"等大功率不安全电器。

3. 使用台灯、充电器、电脑等电器时要注意保证发热部位的散热必须良好，必须与可燃易燃物品保持安全距离。

4. 离开房间时，确保电器有效断电。

5. 杜绝宿舍抽烟行为。

6. 不在宿舍内存放和使用蜡烛、酒精等易燃物品，不在宿舍内使用酒精炉等明火，不在宿舍内焚烧物品。

（五）校园区域防火

1. 教室、实验室、教研室、办公室的防火

做实验时，要严格遵守各项安全管理规定、安全操作规程和有关制度。

使用仪器设备时，应认真检查电源、导线、辅助仪器的安全状况，注意检查电源、火源、气源、水源，清除杂物和垃圾。长时间或不确定时间离开工作区域时，应关闭用电设备，并完全切断电源。

2. 食堂、学生活动场所等人员密集场所的防火

遵守消防安全制度，严禁携带易燃易爆危险品进入，禁烟区内严禁吸烟，不随地使用和丢弃火种，保持安全通道的畅通。

3. 室外的防火

校园区域植被丰富，秋、冬季绿化地带会有落叶、枯枝和枯草，不要在室外烧纸、点火或乱扔烟头，以免引起火灾。

（六）定期组织应急疏散演练

制定完善的预防灾害应急预案，定期组织演练。

案例一：某商学院火灾，4人死亡

2008年11月14日早晨6时10分左右，某市商学院一学生宿舍楼发生火灾，火势迅速蔓延导致烟火过大，4名女生在消防队员赶到之前从6楼宿舍阳台跳楼逃生，不幸全部遇难。火灾事故原因初步判断是，寝室里使用"热得快"，该电器发生故障并将周围可燃物引燃所致。

案例二：某大学火灾，上千女生被紧急疏散

2008年5月5日，某大学一女生宿舍发生火灾。着火的宿舍楼3000余人在消防人员帮助下紧急疏散，没有造成人员伤亡。

最初起火部位为宿舍物品摆放架上的接线板，因用电器插头连接不规范，且长时间充电造成电器线路短路，产生的火花引燃附近的布帘等可燃物，随后蔓延向上造成火灾。

事后，校方在该宿舍楼进行检查，发现1300余件违规使用的电器，其中最易引发火灾的"热得快"有30件。

案例三：某大学火灾，500余名学生被困

2007年1月11日，某大学研究生宿舍2舍一楼发生火灾，浓烟笼罩了十一层高的整个宿舍楼，楼上百余个寝室的500余名学生被困。在消防人员帮助下，被困的500余名学生被成功疏散到安全地带。

起火部位是该宿舍楼一楼干洗店干洗机旁边的一堆衣物，火势很快蔓延，并产生很大的浓烟。

案例四：某大学火灾导致2人死亡

2005年11月2日15时许，某大学6号学生宿舍楼三楼突然发生了爆炸起火，火灾原因疑为汽油爆炸，当时有一男一女两名研究生在大火中丧生。

案例五：某大学火灾，1000多名女生寒风中凌晨逃命

2003年12月22日晚，某大学219号寝室内独居的女生在使用"热得快"烧水时突然停电，她从水壶中取出"热得快"放到床上，但忘了切断电源。她凌晨醒来后，发现放在床上的"热得快"已经将床铺引燃，惊慌之下，四处敲门喊醒其他寝室的学生。由于这名女生逃生时敞开着寝室的门，结果通风后火势更加猛烈。

在东北12月底的夜晚，很多女生仅在睡衣外罩了一件大衣匆忙逃生。

一些女生拿起了楼道内存放的灭火器，但直到十几个灭火器用完，也没能扑灭大火。她们又开始用脸盆接水灭火，但也没能减小火势。当地消防支队出动了6个中队的15辆消防车和80多名消防救援人员，分10余个小组展开

救援。起火的宿舍楼共有3个消防逃生通道,其中一个被胶合板钉死,他们迅速打开通道转移学生,近20分钟大火被扑灭。

24岁的肇事者陈某(已毕业)受到行政拘留十日的处罚。

案例六:某大学男生宿舍发生火灾,整层楼烧得只剩下断壁残垣

2003年2月20日凌晨5时,某大学测绘校区一男生宿舍的三楼一寝室突发大火,火借风势瞬时吞噬了整个三楼22间寝室。7时10分,大火基本被扑灭,整层楼被烧得只剩下断壁残垣。

案例七:某市一寄宿学校火灾,造成8死25伤的严重后果

2001年5月16日,某市一所寄宿学校发生火灾。大火造成8名正在准备高考的学生死亡、25人受伤。这是自1999年发生夏令营火灾并造成19名儿童死亡以来发生的另一起校园火灾惨剧。火灾是因一个未熄灭的烟头引燃了

休息室的沙发后引起的。据查，这幢建筑里的火警装置和灭火器都不能正常使用，校方和有关当局应对此负有不可推卸的责任。

案例八：乡中学一平房学生宿舍发生火灾，造成 4 死 11 重伤的严重后果

2000 年 3 月 27 日，某县一所中学的一 400 多平方米的砖瓦结构的平房学生宿舍发生火灾。大火烧毁了 415 平方米共 12 间学生宿舍。4 名初中生在火灾中丧生，11 名学生被烧成重伤。这是一起惨重的校园火灾。

案例九：医学院实习人员使用电器不当发生火灾，造成 5 人死亡

1998 年 1 月 22 日凌晨 2 时，在某医院实习的 10 名医学院学生，因使用电炉不慎起火，烧死 5 人。

案例十：一学生因在宿舍用火不当引发火灾，造成 21 死 2 伤的严重后果

1997 年 5 月 23 日凌晨 3 时，某乡中心学校一学生在

床上蚊帐内点蜡烛看书，不慎碰倒蜡烛引燃蚊帐和衣物引起火灾。火灾中21名学生被烧死，2人受伤，烧毁宿舍24平方米，直接经济损失1.5万元。

案例十一：大学一研究生因使用"热得快"引发火灾，个人物品被付之一炬

2003年12月2日早上6时49分，某大学18号楼6层一研究生宿舍发生火灾。起火原因是学生使用"热得快"烧水所致。据统计，此次火灾共烧毁4张床、4床被褥和一些日用品等。

案例十二：学生购买劣质电池充电器致火灾

2003年9月12日，某大学新宿舍楼三层女生宿舍发生失火事故。原因是学生使用从小商贩处购得的劣质电池充电器发生故障起火。

案例十三：学生私拉电线致火灾

2003年2月11日，某大学8号楼学生宿舍因学生在宿舍内私拉电线发生火灾。

案例十四：一学生宿舍楼电线老化发生火灾

2002年12月1日晚，某市一学生宿舍楼电线老化引起火灾，宿舍内的学生衣物等贵重物品均被付之一炬，损失惨重。

案例十五：某大学学生宿舍发生火灾

2002年11月6日，某大学学生宿舍失火。起火原因是学生在宿舍内违规使用电炉做饭，明火点燃地上报纸造成火灾。

案例十六：某大学同一天发生两起火灾

2001年12月17日，某大学一研究生宿舍内，因为台灯使用时间过长引燃床单发生火灾。同日深夜，该大学东区一研究生寝室发生火灾，室内的电脑、电视等所有物品全被烧毁。

第十五章　仓储防火

　　大到物流行业，小到个体经营，甚至家庭，仓储行为随处可见。发生仓储行为的场所就是仓库。仓库一词最初的意思是贮藏粮食之处为仓，贮藏兵车之处为库。后所说之仓库泛指贮存保管大宗物品的建筑物或场所。总之，仓库中存放的都是人类生存所需要的重要物资。在古代，仓库一旦发生火灾，造成的损失将会直接威胁到人的生存。而现今，"库房失火""火烧连营"的报道时有发生，其后果同样严重。

案例一：医药连锁有限公司药品仓库火灾

2005年11月8日4时30分，某市一医药连锁有限公司药品仓库发生火灾，烧毁仓库的9间库房和1座简易库房，过火面积588平方米，烧毁大量中西药品及两辆货车等物品，直接经济损失192.7万元。

据查，起火部位位于北侧第二间库房后半部，起火点位于吊顶内，起火原因为空调线路短路。

教训：主管领导对消防工作不重视。药品属易燃可燃物品，且存放量大，自投入使用以来并未向消防部门进行申报，装修也未经消防部门审核和验收，消防安全管理流于形式。

仓库值班员擅自脱离岗位，不按消防安全管理规定履行职责，也未对仓库进行巡视检查。起火时无人在场，未及时报警，火灾蔓延迅速。

发生火灾后，该仓库仅有一个室外消火栓，且水压不足。仓库位置隐蔽，监督检查不及时、不到位，出现失控漏管现象。

案例二：棉花仓库火灾

2000年11月13日，某市一公司储运经营部棉花仓库发生火灾，烧（损）毁棉花2109吨，损失310万元，建筑损失14万元，其他损失39万元，合计直接财产损失363万元。

该仓库主要从事化肥中转、储存等业务，因货源不足，经区防火监督处批准同意，设为储存棉花的仓库。

经调查，火灾系棉花仓库内人员违规吸烟，遗留的火种阴燃引燃棉包所致。

教训：消防安全意识淡薄，超量储存。消防设施不完善，消防安全制度不落实。监管缺失，仓库管理人员违反防火规定。火情发现晚、报警迟，延误了灭火时机。

一、做好仓储物流企业的火灾防范工作

1. 建筑耐火等级要达标

根据《建筑设计防火规范》(GB 50016-2014)(以下简称《规范》)的要求,不同种类物品的存放仓库都有相应的耐火等级。

2. 消防设施要完备

仓储物流企业必须严格按照《规范》的要求配备消防设施,如火灾报警设备、排烟设施、室内外消火栓、自动灭火系统等。

3. 办公区、库区设置要合规

仓储物流企业的办公区和库区要按《规范》要求保持防火间距。办公室、休息室等严禁设置在甲、乙类仓库内,也不得贴邻。员工宿舍严禁设置在仓库内。

4. 电气线路管理要到位

仓储物流企业要规范电器线路的管理,严禁私自架设临时线路,定期对电气线路进行检查和维护保养。

5. 消防通道设置要合理

消防通道是生命通道,在抢险救灾中的作用不容忽视。

6. 不得随意改变建筑使用性质

不得将废弃的车间、厂房或者地下车库等随意当作仓库使用，不得在车间、厂房等空间随意设置库房隔断。

7. 货物存储要分类

物流仓库应对存放物品按其不燃、可燃、易燃等特性区别存放。

8. 消防责任要明确

仓储物流企业要建立消防安全责任制度，明确消防安全责任人，落实岗位消防安全责任制，细化消防安全责任，做到处处有人管。

9. 消防警示标志要到位

仓储物流企业应在区域内设置足量的禁火禁烟标志，提醒有关人员严禁在仓库内使用明火，禁止吸烟，下班后要关紧门窗防止飞火入内。对于存放易燃易爆危险品的仓库，应设置防静电设施。

二、仓储消防安全责任人职责

仓库的法人是仓库的消防安全责任人,全面负责仓库的消防安全管理工作,履行下列消防安全职责:

1. 组织学习贯彻消防法规,完成上级部署的消防工作。

2. 组织制定电源、火源、易燃易爆物品的消防安全管理和值班巡逻等制度,落实逐级防火责任制和岗位防火责任制。

3. 组织对员工进行消防宣传、业务培训和考核。

4. 组织开展防火检查,消除火灾隐患。

5. 领导专职、志愿消防组织和专职、兼职消防人员,制定消防应急疏散预案,组织扑救火灾。

6. 定期总结消防安全工作,实施奖惩。

三、仓储保管员消防安全职责

1. 仓储新员工上岗前应该进行仓储业务和消防知识培训，经考试合格后方可上岗作业。

2. 仓储保管员应当熟悉储存物品的分类、性质、保管业务知识和消防安全制度。

3. 相关人员应掌握消防器材的操作使用和检查保养方法，做好本岗位的消防工作。

4. 严格执行夜间值班、巡逻制度。

四、仓储火源管理

1. 库区应当设置醒目的禁火标志。

2. 进入甲、乙类物品库区的人员，必须登记，并交出携带的火种。

3. 库房内严禁使用明火。

4. 库房外动用明火作业时，必须办理动火证，需经防火负责人批准，并采取严格的安全措施。动火证应当注明动火地点、时间、动火人、现场监护人、批准人和防火措施等内容。

5. 在库区内使用火炉取暖应当经防火负责人批准。防火负责人在审批火炉的使用地点时，必须根据储存物品的分类，按照有关防火安全规定审批，并制定防火安全管理制度，落实到人。

6. 库区以及周围50米内，严禁燃放烟花爆竹。

案例一：油品仓库火灾事故

2022年3月11日，某市一润滑油经营部仓库发生火灾。火灾原因是抽油泵电机传动轴的密封断裂，泵体过热点燃周边润滑油引发火灾。

案例二：化工原料仓库爆炸事故

2019年7月29日，某县一化工原料公司仓库发生爆炸。爆炸物为桶装二甲苯，爆炸造成仓库屋顶塌陷，并引燃仓库内其他物品。

案例二：快递分拨中心火灾爆炸事故

2022年9月6日，某县一快递分拨中心发生爆炸事故并引发火灾。消防救援人员立即赶赴现场处置，此次爆炸事故造成2人死亡、2人重伤。

案例四：仓储基地火灾事故

2023年11月22日8时21分，某省一贸易有限公司一仓储基地发生火灾，经消防救援队伍全力扑救，于11时30分许，火势得到有效控制，无人员伤亡。

五、仓储消防设施和器材管理

1. 仓储场所应当按照国家有关消防技术规范,设置、配备消防设施和器材。

2. 消防器材应当放置在明显和便于取用的地点,周围不准堆放物品和杂物。

3. 仓储场所的消防设施、器材,应当由专人管理。

4. 消防设施、器材管理人应负责检查、维修、保养、更换和添置消防器材,保证完好有效。

5. 严禁圈占、埋压和挪用消防设施和器材。

6. 对消防水池、消火栓、灭火器等消防器材,应当经常进行检查,保证其功能完好,能正常使用。

7. 寒冷地区的仓储场所内要对消防设施、器材采取防冻措施。

8. 贮存甲、乙、丙类物品的国家储备库、专业性仓库以及其他大型物资仓库,应当按照国家有关技术规范的要求,安装相应的报警装置。

9. 应与附近的公安消防队设置直通的报警电话。

10. 库区的消防车道和仓库的安全出口、疏散楼梯等处严禁堆放物品。

案例一：

2023年9月16日，某市一库房发生火灾，库房起火后部分结构发生坍塌，经紧急救援，火灾终被扑灭，未造成人员伤亡。

案例二：

2023年8月12日，某市一仓库发生火灾，经紧急救援，火灾终被扑灭。此次火灾过火面积约630平方米，所幸无人员伤亡。

据了解，起火建筑为一公司仓库，燃烧物质为冰箱拆卸后的保温材料、食品包装泡沫盒以及废品。

案例三：

2023年5月27日，某市一仓库发生火灾，救援人员赶到现场处置，火势得到控制，所幸无人员伤亡。

据查，起火的是一个二层仓库，库房中主要存放粮油、电器、酒水，均为价值较高的货物。

第十六章　交通运输工具消防常识

一、车辆着火原因分析

交通运输工具一般包括承载旅客、货物等运输的各种机动交通运输工具，包括汽车、火车、地铁、轮船、飞机等。

其中，汽车特别是私家车因其数量庞大、驾驶人员素质参差不齐，用途、行驶路线及车况等各不相同，其消防管理难度远远高于其他公共交通工具，火灾事故数量居所有交通运输工具之首。

二、家用小轿车火灾多发

据消防部门统计，机动车火灾数呈逐年上升趋势。其中，家用小轿车的火灾事故最多。主要原因包括：

1. 个别人消防安全知识掌握不够。

2. 为爱车增加附加设备时，随意改装电路。

3. 清洁保养车辆时违反操作规程，检修时违章用火。

4. 在车上抽烟、违规存放或装载易燃易爆危险物品。

烈日爆晒极易引燃车内易燃物品

5. 车辆没有配备灭火器或配备的灭火器已过期失效。

6. 司乘人员消防培训不够，缺乏车辆着火的应对经验。

7. 司机对车辆的基本性能不了解，不良的驾驶习惯极易导致车辆部件超负荷运转。

8. 车辆保养不及时或不规范，违规驾驶进入报废阶段的车辆。

高温爆胎、雷雨环境等情况下新能源汽车充电存在着火风险

案例一：

2021年3月2日9时08分，某镇一路口一轿车自燃，由于停靠在公交站旁，站台广告牌也被烧坏。

据车主讲述，轿车在等红灯的时候突然熄火，然后就听到引擎盖里发出"砰"的声音，便赶紧下车查看，发现有烟从引擎盖内冒出，紧接着明火就开始蹿出。车上备有灭火器，但当时火势已经起来了，只能急忙报警求助。

案例二：

2021年3月2日下午4时，某隧道内，一辆SUV发生自燃。据司机描述，这辆车前几天刚发生了碰撞，今天早上才取到修好的车，当时他在正常行驶途中突然发现引擎盖处有烟冒出。等他下车查看的时候，火已经蹿起来了，立即报警求助。

案例三：

2021年3月3日晚间，某小区一车库内一辆电动汽车着火。车主表示，当时正在给汽车充电，不知为何就烧起来了，由于火势蔓延过快，无法自救，随即报警求助。

三、引发汽车自燃的八大因素

车辆自燃的主要原因是车辆日常检修保养不到位，线路老化、破损，易燃物品管理不善等。

一般机动车发生自燃，常是几种因素共同作用的结果。

1. 漏油。

2. 漏电。

3. 搭铁。

4. 电器失效短路。

5. 接触电阻过大。

6. 机动车汽化器回火。

7. 机械摩擦起火。

8. 停放位置不当或车内存在可（易）燃物品。

车辆的油路、电路系统故障、机械摩擦、车内吸烟、撞车翻车、违章用火都是引起车辆火灾的常见原因。而橡胶轮胎、织物座椅等汽车附件都是可燃物。其中泄漏的油料是最主要的易燃物，漏电、搭铁、短路等会起到点火作用。

四、防止汽车自燃的七个要点

（一）避免电路老化

车辆行驶一段时间后，汽车的电线会老化，绝缘层脱落，电路故障或者电线接触不良会造成短路，从而引起自燃。

预防措施：定期检查电路，如果电线出现胶皮老化、电线发热等情况，应及时修理保养。

（二）避免随意装载改造

有的车主在购买新车后，往往自己加装一些东西，如防盗器、音响等。

预防措施：尽量少改变车辆电路。

（三）避免长期不清理发动机

长期不清理发动机，舱内油泥阻止散热，导致温度过高或者电瓶接线柱因杂质、油污使接触点短路发热引发燃烧。

预防措施：勤检查，发现发动机舱或接线柱脏了，要及时清理。

（四）避免油路泄漏

由于油路多数是使用橡胶材质，橡胶老化会发生龟裂造成汽油泄漏。

预防措施：定期检查油路，发现问题及时处理，保持发动机整个系统整洁干净。

（五）避免静电导致起火

由于车上的一些衣物、座套等会因摩擦而产生静电，静电积累到一定程度就会发生放电，一旦引燃附近的可燃物就会发生火灾。尤其在加油时应格外注意。

预防措施：平时注意放电，座套或衣服应多选用纯棉质地等。

（六）切勿在车内吸烟

烟头因疏忽没有彻底熄灭、放在仪表台上的打火机经过暴晒后发生爆炸都会引起燃烧。

预防措施：不要在车内吸烟。另外，很多人习惯在车内使用空气清新剂或者杀虫剂等罐装物品,也需要防止因暴晒发生爆炸引发火灾。

(七)避免停车位置不当

停车时,车辆排气管等处的余热可能引燃车底及附近的干草、枯枝等易燃物而发生车辆起火。

预防措施:停车时确认车底及附近没有易燃物品。

五、汽车发生自燃的征兆

（一）以下几种情况容易发生自燃

1. 发动机舱有太多的油垢、油污。经常闻到油（气）的味道。

2. 发动机经常回火（老旧及疏于保养的低端小轿车更易出现此类情况）。

3. 长距离下坡需长时间使用刹车的情况。

4. 酷热天气长时间在阳光下行驶或暴晒的情况。

5. 超载货车。

6. 长途客货车。

（二）汽车自燃的征兆

1. 从气味上判断——车身有异味

当在行驶中，如果车身出现橡胶糊味、塑料糊味、蓄电池臭味等，要赶紧检查，及早发现问题并立即解决。需要注意的是，有些塑料内饰材料在高温下也会散发类似的味道。

2. 从视觉上观察——车头冒烟

机罩盖边隙处和仪表台附近冒出蓝色或黑色浓烟时,就是要自燃的明显征兆了!这个时候千万别再上前观望,下车后就算车内有再贵重的东西也不要去拿了!

3. 从仪表显示、电器工作状态等判断

电流表指示很大的放电电流、电器工作突然中断(例如大灯、空调电机等大负荷用电设备),同时闻到胶皮臭味或见到机罩盖边隙处和仪表台附近冒烟,就非常危险了。

如果发现点火后仪表不亮,多是由线路短路造成,而线路短路是造成汽车火灾的主要原因之一。

遇到上述情况,应立即将车停靠在安全地带,迅速查明异常原因或者寻求专业维修人员帮助。

六、定期做好车辆保养，防止车辆自燃

进行车辆保养时，应包括以下项目：

1. 电器、开关、灯座、制动灯开关等的插接头（或连接头）是否有松动或脱落等情况。

特别要注意检查点火开关、蓄电池、启动继电器、电动机等大电流电器（件）的接线柱、导线、绝缘等是否可靠。

2. 运动零部件、车架、油箱、化油器、坐垫、油漆件等易燃物周围的导线、插接头、开关件、线夹等处是否有"破皮"，及时纠正有可能搭铁的不良状态。

3. 发动机及底盘是否有漏油现象。特别要注意燃油油管、制动液油管和动力转向油管的密封性。尤其是燃油油管和动力转向油管，发现这些油管有渗漏现象要及时处理。

动力转向控制阀及管路一般布置在前围板下，很靠近发动机，因此注意它的油管密封性是很重要的。

4. 出现有胶皮糊味或冒烟等异常现象时必须查明原因，及时妥善处理。

5. 如果私家车主不掌握一定的电气和油路知识，就应

根据车况定期到修理厂进行检修。

注意：个别驾驶员对车辆进行保养作业时，贪图方便，仅仅洗洗外观或查看轮胎、水箱之类，很少对蓄电池接线、接点进行维护保养，很少察看接点是否松动、接线绝缘是否破损老化等。

案例一：

2023年12月21日22时25分，某高速一隧道中一小车在行驶途中突然起火，现场浓烟滚滚。消防接警后立即出动3台消防车前往现场处置，消防到场时小车的车头已被大火包围，经过15分钟的处置将明火扑灭，但小车车头已被烧成空架，所幸未造成人员伤亡。

据了解，该车为上午购买的二手车，当事人行驶时发现车头部位冒烟，随后起火蔓延至驾驶室。

案例二：

2023年10月31日，某市一街道南桥，一辆新能源汽车在行驶过程中突然起火。接警后，消防救援人员立即赶赴现场对火势展开扑救，所幸事故未造成人员伤亡。

案例三：

2023年10月10日，某地一新能源汽车行驶途中突然起火。汽车车身被烧毁，所幸未造成人员伤亡。

七、规范操作防止车辆自燃

严格按照规范操作、使用车辆，定期维护保养车辆。经常检查电器、开关、导线，加强汽油（含汽油蒸气）泄漏检查，及时排除"漏电""漏油""漏气"等故障，更换不良部件，远离"火源"。

其中，排除电路故障，杜绝漏电或搭铁跳火是关键，而防止燃油泄漏尤为重要。

1. 定期检查油路电路，按时保养。

2. 不要违规私自改装汽车。

3. 不违章操作、检修、保养汽车。

4. 选择具备防火性能的车内装饰材料。

5. 不要将易燃物品存放在车内。

6. 不要在汽车内吸烟。

7. 避免高温天气下汽车长时间行驶，不要让汽车长期暴晒。

8. 配备灭火器，确保会检查、会使用。

9. 不要将车辆停放在易燃物附近。

10. 购买车辆附加自燃损失险。

八、配备消防器材并熟练掌握检查和使用方法

1. 有关法律和地方性法规明确规定："机动车辆须配备有效灭火器和符合国家标准的故障车反光警告标志。"

2. 驾驶人驾驶机动车上路行驶前，应当对机动车的安全技术性能进行认真检查，不得驾驶安全设施不全或者机件不符合技术标准等具有安全隐患的机动车。

3. 按照规定，客运车辆应配备灭火器，灭火器在车上应安装牢靠并便于取用。车辆没有配置灭火器的行为属于安全设施不全。

4. 每位司乘人员都应当熟练掌握灭火器的使用方法。

5. 掌握灭火器的检查方法，并定期检查灭火器，对失效的灭火器必须进行更换。

6. 一旦发生火灾，应立即疏散车上人员，尽快报警，并尽可能利用车载灭火器等进行初起火灾的扑救。

7. 车载灭火器主要有干粉灭火器、二氧化碳和水系灭火器等。

第十七章 其他交通工具的火灾预防

一、电动车（新能源车）火灾预防

电动车的方便、省力、使用简单等优点使其普及速度非常快。但是，电动车起火爆炸等事故频频发生，事例不胜枚举，甚至已经到了需要明令禁止电动车乘坐电梯上楼入室充电的程度。

电动车起火事故是指电动车在使用过程中发生燃烧或

爆炸。

近年来，全国各地电动车火灾事故频发，造成的人员伤亡和财产损失呈逐年上升趋势

（一）做好电动车的使用和保养工作

1.规范使用，防止电动车起火事故的发生

由于电动车使用电池作为动力源，电池在使用中的过热、短路、电路故障，以及充电器故障等原因都可能导致电动车起火或爆炸。

2.选择有质量保障的产品和服务

选购和更换电瓶、充电器等重要部件时，要选择正规企业生产的合格产品。选择正规、有资质的售后服务部门进行维修、保养。避免违规改变电动车的标准配置。

3. 使用时要保持足够的安全意识

在雨天或积水路段行驶时，应防止电路或电机进水。

特别提醒：个别劣质电动车的调速器旋柄密封防水性不佳，雨水一旦进入调速器内部就可能形成短路，造成无人操作自动启动行驶，或正常操作时的速度失控。

4. 不要私自改装电动车

一辆电动车正常使用寿命为3到4年，如果超期使用，电气线路和电瓶会出现老化、短路等情况，如果再加装音响、照明或者加装电瓶，很容易造成线路超负荷，引发火灾。

5. 加强日常自查自控

在日常生活中，应该加强对电动车的电线、电路等方面的检查，防止接触不良引起接触点打火，避免因线路老化、磨损引发短路、串电等。

（二）电动车充电需要注意什么？

1. 合理控制充电时间

根据常规的电瓶容量大小，一般在8~10小时内可完成充电。

2. 勿在住宅内充电

室内易燃物品较多，一旦起火容易酿成火灾事故。

3.勿飞线充电

飞线充电在天气突变等情况下容易起火。

4.勿将电动车停放在楼道

若电动车在楼道内起火，逃生通道也会被其堵塞。

5.充电环境需通风

最佳的充电环境温度是25摄氏度，充电的时候，最好把电池和充电器放在可以通风或调温的环境里，避免车辆存放时遇到暴晒、淋雨等。

6.远离易燃易爆物品

电动车在充电时，要仔细检查附近是否堆放了易燃易爆物品，以防电动车在起火时引燃附近的物品，造成火灾。

案例一：

2011年，一辆电动自行车在行驶途中突然起火，导致车辆被烧毁。经调查发现，起火原因是电动车线路短路，引发了火灾。事故提醒人们要定期检查电动车线路的安全性，避免因线路故障引发事故。

案例二：

2012年，一名电动车主在停车时，电动车突然起火。经调查发现，起火原因是电动车电池过度放电，导致电池起火。事故提醒人们要避免电动车电池过度放电，以免引发事故。

案例三：

2013年，一辆电动车在行驶途中突然起火，引燃了附近的建筑物，造成严重火灾事故。经查，起火原因是电动车电池包装不合格，引发火灾。事故提醒人们要选择具有质量保证的电动车产品，避免因电池包装问题引发事故。

案例四：

2014年，一名电动车主在充电时，电动车突然起火。经查，起火原因是电动车充电器故障，导致电池过充引发火灾。事故提醒人们在充电时要使用原厂充电器，避免因充电器故障引发事故。

案例五：

2015年，一辆电动自行车在行驶途中突然起火，导致车辆被烧毁。经查，起火原因是电动车电池质量不合格，发生短路引发火灾。事故提醒人们在购买电动车时要选择正规厂家生产的产品，避免因电池质量问题引发事故。

案例六：

2016年，一名电动车主在停车时，电动车突然起火。经查，起火原因是电动车电池被放置在高温环境下，导致电池过热引发火灾。事故提醒人们要避免将电动车长时间停放在高温环境下，以免引发事故。

案例七：

2017年，一辆电动车在行驶途中突然起火，引燃了附近车辆，造成严重火灾事故。经查，起火原因是电动车电线短路，导致着火。事故提醒人们要定期检查电动车电线的连接是否牢固，避免因电线故障引发事故。

案例八：

2018年，某地一名电动车主在停车场充电时，电动车突然起火。经查，起火原因是电动车充电时电池温度过高，引起燃烧。事故提醒人们在充电时要注意电动车电池的温度，避免过热引发事故。

案例九：

2019年，一辆电动自行车在行驶中突然起火，导致车辆被烧毁。经查，起火原因是电动车电池短路引发火灾。事故提醒人们在使用电动车时要定期检查电池的电路是否正常，避免因电路故障引发事故。

案例十：

2020年，一名电动车主在使用电动车时，车辆突然冒出浓烟并起火。经查，起火原因是电动车电池老化导致电池内部短路，引发火灾。事故提醒人们要定期更换电动车电池，避免因电池老化引发事故。

二、高(地)铁和旅客列车的火灾预防

禁止烟火,严禁携带易燃易爆危险品进站上车。

高(地)铁火灾事故是一种非常严重的交通事故,它不仅会造成人员伤亡和财产损失,还会造成不良的社会影响。

(一)站台和列车的火灾危险性

1. 地铁站建筑功能及环境设施复杂,车厢内可燃物种类多、数量大,动力、电路系统覆盖范围广。

2. 内饰材料、旅客行李货物多是可燃、易燃物品。

3. 客流量大、人员密集,逃生条件复杂、逃生距离长、允许逃生时间短、烟气覆盖快,极易发生拥挤踩踏。

4. 站台和列车是犯罪分子制造纵火、爆炸等恐怖事件的首选目标之一。

5. 发生火灾,密闭的车厢内温度高,烟气、毒气重,有毒有害烟气沿车厢形成烟道传播,火势蔓延迅速,易造成大量乘客烧伤和中毒窒息。

6. 列车火灾的控制、扑救难度极大。

7. 烟雾、毒气覆盖速度快,遮挡照明,影响人员疏散。

8. 疏散逃生难度大,易发生群死群伤事件,造成不良的社会影响。

案例:高铁火灾事故

2011年,某省一高铁列车,在行驶途中发生火灾事故。

火灾发生时,车厢内浓烟滚滚,不少乘客惊慌失措,试图打开车门脱险,经消防人员及时救援,所有乘客均安全疏散。其中,有7名乘客受到轻微伤,1名乘客被送往医院治疗,均无生命危险。

据调查,该起事故的原因是车辆电线出现了短路,进而引发了火灾。

这个事故既是一次警醒,也是一次教训。

车辆管理措施和制度规定必须要认真落实。必须按规定对车辆的内部结构进行详细检查,防止车辆部件老化或损坏。

另外,高铁车站应当对每一次进站的列车进行检查,确保车辆在进站前已通过检测,安全可靠。每次列车发车前都要进行规范检查、维修和清洁工作,确保每一个设备和部件都处于正常工作状态，消除隐患。

在列车运行期间一旦出现问题，车站管理方要及时进行协调，及时通知消防人员到场救援，并第一时间对旅客进行安全疏散。

（二）乘坐地铁和旅客列车应熟知消防设施的配置

1. 地铁和旅客列车车站内配置的消防器材和消防设施主要包括消防栓、灭火器、防火卷帘、手动火灾报警装置等。

地铁和旅客列车车站内配置的消防器材主要包括消防栓、灭火器等

2. 车站内配置的防火卷帘在火灾中可有效隔离站台与列车之间的烟火。

地铁车站内配置的防火卷帘

3. 每节列车车厢两端均设有灭火器,车门旁设有紧急报警器。

在每节地铁车厢的两端均设有灭火器

案例一：

2011年7月23日，某高速铁路发生高铁火灾事故。一列高速列车在行驶过程中突然起火，造成40多人死亡和数百人受伤。据查，这起事故是由于列车上的电线短路引起的。

案例二：

2018年1月31日，某省段一列高速列车发生火灾，造成2人死亡和18人受伤。据查，这起事故是由于列车上的电线短路引起的。

案例三：

2018年6月28日，某省段一列高速列车发生火灾，造成1人死亡和34人受伤。据查，这起事故是由于列车上的电线短路引起的。

案例四：

2018年11月22日，某省段一列高速列车发生火灾，造成1人死亡和34人受伤。据查，这起事故是由于列车上的电线短路引起的。

案例五：

2019年3月28日，某省段一列高速列车发生火灾，造成1人死亡和11人受伤。据查，这起事故是由于列车上的电线短路引起的。

案例六：

2019年7月12日，某省段一列高速列车发生火灾，造成1人死亡和34人受伤。据查，这起事故是由于列车上的电线短路引起的。

案例七：

2020年1月10日，某省段一列高速列车发生火灾，造成1人死亡和12人受伤。据查，这起事故是由于列车上的电线短路引起的。

案例八：

2020年7月31日，某省段一列高速列车发生火灾，造成1人死亡和11人受伤。据查，这起事故是由于列车上的电线短路引起的。

案例九：

2021年1月20日，某省段一列高速列车发生火灾，造成1人死亡和7人受伤。据查，这起事故是由于列车上的电线短路引起的。

案例十：

2021年5月8日，某省段一列高速列车发生火灾，造成1人死亡和18人受伤。据查，这起事故是由于列车上的电线短路引起的。

这些高铁火灾事故案例，都是由于列车上的电线短路引起的。

三、客运船舶的火灾及预防

客运船舶火灾是一种严重的事故,一旦发生,可能造成不可估量的损失。船舶火灾通常由于电气故障、机械故障、易燃物质泄漏以及不当操作等原因引起。

(一)客运船舶的火灾危险性

1. 客船的燃料、装饰材料、行李货物等都是易燃物品。

2. 动力、电力、机械系统等设计复杂且功能繁多,着火源不易控制。

3. 客船结构复杂,人员集中,四面环水,紧急疏散和逃生难度大、危险性高,不易获取外界救援。

4. 发生火灾时火势蔓延迅速,容易形成烟囱效应,造成内外立体燃烧;存在爆炸和船只沉没的可能;燃烧产生大量有毒有害气体,易造成群死群伤。

案例一:

1990年3月6日,某国一船只在波罗的海上航行时发生火灾,致使159人死亡。这艘船长达137米,船上装载着多种危险货物，包括硫酸、氰化钠以及甲醇等。火灾原因是一名工程师在对锅炉进行维修时，旁边的燃料管道发生漏油，导致照明线路着火，从而引发了火灾。

案例二：

1995年3月18日，某国一家旅游公司可搭载150人以上的旅游船被卡在一条河的桥下。由于急于迅速脱困，并且没有进行必要的安全检查，该船在脱离桥下时发生了大火。事故共造成48人死亡，另有80人受伤。专家认为，这起事故的起因是船员在脱困时没有注意安全问题，在船舶离开桥梁时，由于热收缩的影响，挤压电缆致使过载，从而引发了船舶火灾。

案例三：

2004年10月6日，搭载四千多名乘客和船员的船舶在某海岸搁浅，位于船首甲板上一个存放有易燃化学品、电缆和各种用于维护船体结构设备等物品的电缆箱起火燃烧。由于没有灭火系统的防护，火灾很快蔓延，并不可控制。

船舶火灾事故说明，在航行过程中，船员必须随时关注船体及设备的正常运行，及时进行维护和修理。监管部门要加强监管，杜绝不符合标准及故障船只参加船运业务。

（二）客运船舶火灾的预防措施

1. 严禁乘客携带"三品"上船。

2. 船舶驾驶、操作人员应严格遵守水上交通法规，严禁违章操作。

3. 做好乘客乘船安全宣传教育工作。

4. 严格禁止在船舱内吸烟和使用明火。

5. 船舶安全管理人员定期进行安全生产检查，及时消除火灾隐患。

6. 定期对船舶配备的消防、安全疏散等设施进行测试和维护保养，确保其处于完好有效状态。

7. 船舶驾驶、操作、服务人员要定期按照消防应急预案进行演练。

8. 做好安全保卫工作，防止人为纵火等犯罪活动。

（三）客运船舶火灾的应急处置

1. 发生火情应及时报告船上消防控制中心，并迅速组织扑灭初起火灾。

2. 火势较大时应立即启动船载消防设施自动灭火。

3. 就地抛锚，及时向海事急救中心报警求救。

4. 消防控制中心应及时打开事故广播和应急照明设施组织乘客疏散。

5. 乘务人员应及时引导疏散乘客至甲板等安全区域，发放、讲解并协助乘客正确穿戴、使用水上救生器材，准备离船。

（四）客运船舶发生火灾乘客如何逃生

1. 乘客上船时要注意观察，留意船上配备的消防设施、疏散通道、水上救生器材等。

2. 发生火灾时，应保持镇静，避免恐慌拥挤；按照事故广播和乘务人员的引导指挥，有序疏散至甲板等安全区域；正确穿戴和使用水上救生器材。

3. 及时清点同行人员，并自救互救。

四、客运飞机的火灾及预防

（一）客运飞机的火灾危险性

1. 客运飞机油箱携带大量航空汽油，构成重大危险源。

2. 机舱内设计豪华、可燃材料多。

3. 发生火灾时，火势的发展和蔓延迅速，存在坠落、爆炸的危险。

4. 机上乘客集中，疏散逃生难度大。

5. 火灾危险性大、发生火灾爆炸后人员伤亡数量大、损失大、影响大。

（二）乘客防火安全规定

1. 禁止携带危险品、易燃物品、爆炸品和其他有害物品乘坐飞机。

2. 遵守空乘人员的安全提示，禁止随意挪用消防设备设施。

案例一：

2018年4月，某航空公司一航班在起飞过程中起火，造成1人死亡。

经查，起火原因是飞机右侧引擎故障，引发火灾。

教训：飞机的保养和维修，特别是机身内部设备的保养和维修工作对于飞机安全非常重要。

案例二：

2013年7月，某航空公司一航班在某国际机场降落时失事引发火灾，造成30余人死亡。

经查，起火原因是飞机在降落时角度出现误差，致使机尾撞击地面，造成机身破损并引起火灾。

教训：飞机运行，特别是在降落和起飞的过程中，一个微小的失误都会产生严重的后果。

（三）客运飞机火灾的应急处置

1. 飞行中发现火情，空乘人员应及时向机长报告，并迅速扑救初起火灾。

2. 火势较大时，驾驶人员应及时启动自动灭火设施，同时向空中交管指挥中心报警求救，请求在就近机场或野外迫降。

3. 向乘客发放降落伞、防烟（毒）面具等。

4. 收集乘客随身携带的硬物并妥善保管。

（四）乘客遭遇飞机火灾的应对要点

1. 登机时注意观察消防设施、疏散标志，记住逃生出口。

2. 认真听取飞行安全知识广播提示。

3. 飞机发生火灾等紧急情况迫降时，要保持镇静、听从指挥，按要求把身上的硬物等交给空乘人员妥善保管。

4. 认真听取空乘人员讲解降落伞、防烟（毒）面具的使用方法并正确穿戴。

5. 飞机迫降后要听从空乘人员指挥，通过救生滑道等安全出口迅速疏散到安全区域。

6. 准确清点同行人员并向管理人员报告。

第十八章　森林草原防火

1950年以来，中国年均发生森林火灾事故约13 067起，给生态环境保护工作和群众生活造成了极大影响。

一、认识森林草原火灾

森林和草原火灾,是指在林地草原发生的,不受人为控制的,在森林内和草原上自由蔓延和扩展,对森林和草原的生态系统和人类带来极大危害和损失的林草火燃烧现象。

森林草原火灾与一般火灾相比,具有蔓延速度更快、燃烧更加猛烈,过火面积更大,影响更广,更难扑救的特征。

禁火区域内生火做饭、吸烟乱扔烟头等都有可能引发火灾

案例一：

1987年5月6日，某省一地区发生新中国成立以来最严重的一次特大森林火灾，致使211人死亡、266人受伤，造成直接经济损5亿多元，间接损失69.13亿元。

案例二：

1955年5月12日至6月6日，某省某县一场大火足足燃烧26天之久，受害森林面积多达10多万公顷，损失森林蓄积量158万立方米，直接经济损失达13亿元。

案例三：

2019年3月30日，某省某县一村发生森林火灾，引发火灾的原因为雷击着火，遇难人数31人。

案例四：

2020年3月30日15时，某省一市发生森林火灾，致使19人死亡，受害森林面积791.6公顷，直接经济损失9731.12万元。

案例五：

2017年5月2日，某省一林场发生森林火灾，过火面积多达11 500公顷，受害森林面积8281.58公顷。

案例六：

2022年10月17日，某省某县发生森林火灾，有2名消防员、护林员在救火时牺牲。

案例七：

2019年4月17日13时50分左右，某市市郊东部的一山附近突发森林火灾。火灾直接经济损失2460.5万元，国有林受灾面积540多公顷，集体林受灾面积280多公顷。

案例八：

2020年4月14日17时35分，某市一村附近发生森林火灾。此次救灾共扑打火线13公里，清理烟点4200余处、站杆倒木3900余根，开设防火隔离带3.5公里，实施了两次人工增雨。

案例九：

2009年2月12日30分，某镇一村发生森林火灾，过火面积498.7公顷，受害森林面积491公顷。

案例十：

2023年4月11日16时许，某市一村附近发生山火，至4月15日21时，经3000余名灭火人员昼夜扑救，火灾被全部扑灭。

二、森林草原火灾的危害

（一）森林草原火灾的直接危害

森林草原火灾不仅严重破坏森林草原资源和生态环境，而且会对人民生命财产和公共安全产生极大的危害，对国民经济可持续发展和生态安全造成巨大威胁。

1. 森林草原面积大，地势平坦，可燃、易燃物丰富，一旦发生火灾，在大风作用下，火势会迅猛扩展，难以控制，会大量烧毁自然资源以及动植物，这些资源的恢复可能需要很长时间，或许会造成永久性损失。

2. 由于草原地区风向多变，常常出现多叉火头，蔓延速度快，形成火势包围圈，人、畜转移困难，极易造成伤亡，危害性严重。

3. 草原火灾发生后，过火后的牲畜卧盘形成暗火，有时长达几个月，留有死灰复燃的隐患。

（二）森林草原火灾的次生灾害

森林草原火灾破坏森林草原植被资源、危害野生动物、引起水土流失、使下游河流水质下降、造成空气污染。

1. 草原火灾不仅会烧毁草地，降低草地密度，破坏草原结构；同时还会引起草原植物演替，降低草地的利用价值。

2. 由于草原烧毁，造成草场裸露，失去草地涵养水源和保持水土的作用，将引起水涝、干旱、泥石流、滑坡、风沙等其他自然灾害发生。

3. 被火烧伤的草地，生长衰退，降低畜牧承载能力，并促使草原退化。草原火灾后，促使草原环境发生急剧变化，使天气、水域和土壤等草原生态受到干扰，失去平衡，往往需要几十年或上百年才能得到恢复。

4. 烧毁牧民的各种生产设施和建筑物，威胁草原附近的村镇，危及牧民的生命财产安全，同时草原火灾能烧死并驱走珍贵的动物。

5. 森林草原火灾发生时还会产生大量烟雾，污染空气环境，威胁人民生命财产安全。

此外，扑救森林草原火灾要消耗大量的人力、物力和财力，影响工农业生产，有时还会造成人身伤亡，影响社会的安定。

三、森林草原火灾的成因

火源是引发火灾的直接因素，是火灾发生的必备条件之一。在高火险状态下，火源的出现才使得潜在的火险变为现实火灾。森林草原起火的原因很多，主要可归结为人为因素、自然因素、境外火灾蔓延三大类。

（一）人为因素

是指人为野外用火不慎而引起的火灾，人为因素火灾还包括故意放火纵火。人为用火引起的火灾数占火灾总数的 82.5% 以上。人为因素火源包括以下几种：

1. 生产性火源

如跨越林区或草原的输变电线路发生短路等故障产生的电弧，农、林、牧业生产用火，林、副业生产用火，工矿运输生产用火等。如烧垦、烧荒、烧木炭、开山崩石、放牧、狩猎和烧防火线等。

2. 非生产性火源

如机动车引擎喷火，小孩在禁火区玩火，野外取暖、生火做饭，倾倒炉火复燃，用火驱蚊驱兽，吸烟乱扔烟头，开垦烧荒、上坟烧纸等。

3. 人为故意放火纵火

在人为火源引起的火灾中，由于吸烟、烧荒和上坟烧纸等引起的森林草原火灾最多。管好火源是做好森林草原防火工作的关键。

（二）自然因素

在特殊的自然和地理条件下产生的热源，包括雷电火、火山爆发、陨石降落、滚石火花和泥炭自燃等。

1. 很多自然现象都会成为森林草原火灾的引火源

闪电是比较常见的引火源之一，草原上覆盖的丰富可燃物遇到闪电极易引起草原火灾。

2. 可燃物自燃是另一个起因

阳光照射、高温干旱、堆积物发酵升温等都能够造成可燃物自燃。特别是秋后降雪前和来年春季化雪之后，由于气候干燥、风大、日照时间长等原因，特别容易发生自燃。可燃物自燃常会引起草原火灾。

3. 磷火也是草原火灾的起因之一

草原地区常会有大量的死畜骨架遗留，而骨中丰富的磷很容易引起野火。

（三）境外火灾蔓延原因

外来火（源）主要指从境外接壤地带烧入的火，这类火源占比约 1%，与其他几类火源不同的是：

第一，可预见性高，但控制难度大。

第二，它已经形成了火势较大的火场，其能量等级远远大于其他种类火源。我国有 2.28 万公里陆地边境线，其中 1.4 万公里位于天然草原分布区，易过火草原边境线长 3000 余公里。与我国接壤的蒙古国、俄罗斯和哈萨克斯坦等周边国家草原火灾频发，增加了我国毗邻边境地区草原防火工作的压力。

案例一：

2016 年 5 月初，某国一省森林爆发火灾，烧毁了超过 50 万公顷的森林，数百栋房屋被烧毁，约 8 万人被迫离开家园，这次火灾被称为该国历史上最严重的森林大火之一。同时，由于死亡人数很少，这次大型森林火灾事故又被视为该国有史以来最大规模的人类疏散事件。

案例二：

在2019年末至2020年初期间，由于天气炎热和干旱，某国爆发了大型的山火。这场大型森林火灾事故持续了几个月，直到2020年2月份才基本熄灭。该国各地多个州和领地遭受了严重的破坏，其中包括数百处住宅、商业产业和企业。据估计，此次火灾中有10亿只野生动物死亡。

案例三：

2010年，某国境内爆发了超过100起大型森林火灾事故。为了控制这些大型森林火灾，该国军队动员了5万多名军人投入灭火工作，在全国范围内采取募捐形式来筹措灭火经费，最终耗时几个月扑灭了火灾。

由于燃烧区域巨大，烟雾和火势严重影响到人们的生活，导致许多人出现了健康问题。当时该国官方数据显示，这些火灾摧毁了超过200万公顷的森林，对该国的森林资源造成了极大的破坏。

四、森林草原火灾的特点

（一）森林草原火灾突发性强、破坏性大、扑救困难

森林草原面积大，地势辽阔，可燃、易燃物丰富，一旦发生火灾，在大风作用下，火势迅猛扩展，难以控制。同时，由于草原地区风向多变，常常出现多叉火头，蔓延速度快，形成火势包围圈，人、畜转移困难，极易造成伤亡，危害性大。

（二）森林草原火灾季节性明显

森林草原地区的气候特点和植被特征，决定了森林草原火灾的发生具有明显的季节性。我国森林草原火灾一般多发生在每年的 3~6 月和 9~11 月。春季，随着森林草原地区积雪逐渐融化，高温、大风天气增多，进入森林草原火灾高发期；秋季草原植被开始枯黄，降雨减少，较易发生森林草原火灾。

五、森林草原火灾的损失

（一）林木和草场资源损失

林木和草场资源的损失是森林草原火灾损失中最严重的直接损失。主要指火烧造成的草场、天然林或人工林中一切可利用的生产、生活及其他用途的活立木和枯立木的木材损失。草场、立木资源损失的大小主要与过火面积、立木烧伤程度、树种、树龄有关。

（二）流动资产损失

指森林草原火灾造成的火烧区内流动资产的损失。包括林副产品、农牧业产品、存货等经济损失。其中林副产品损失是指火烧区内林副产品（如香菇、木耳、中草药等有采集、加工价值的副产品）的损失。农牧业产品损失是指火烧区内的农业产品（如粮、棉、油等）和畜牧产品（畜、家禽等）的损失。存货损失是指火烧区内的原料、产品等的经济损失。

(三)火灾扑救费用损失

指在扑救森林草原火灾过程中所投入的人力、物力、财力以及所带来的附加损失。具体包括:扑火消耗物资(消防器材、手工工具、油料和燃料等的消耗)和参加扑火人员的工资支出(职工工资补贴、社会用工工资、军警扑救费用补贴和临时伙食补贴);飞机、船舶和车辆租赁费用;善后处理费用,包括火烧迹地及火烧现场的清理费用、伤亡人员的抚恤金和医疗费用等。

(四)旅游业的损失

随着经济发展和社会进步,人们已把目光从森林具有生产木材的商品功能转向了旅游观光、保健疗养等功能,人们走进草原、森林,拥抱绿色,在森林里消除疲劳、疗养休息、避暑度假等。一旦发生火灾,森林的这种作用将失去,从而造成旅游业的损失。

(五)对土壤的影响

森林、草原能降低风速,防风固沙,防止土壤沙化和沙尘暴的形成。森林草原发生火灾后,原有的绿色屏障不复存在。森林环境发生急剧变化，天气、水域和土壤等会随森林生态变化而受到影响，土地沙化，沙漠迁移，干旱等将会对整个生态系统造成不可逆转的破坏。

（六）对空气的影响

近年来，国家投入大量的人力物力进行环境治理，极大地改善了自然环境，人们真正看到了绿水青山。森林草原火灾燃烧产生的大量烟雾，不仅严重污染空气，还进一步威胁到人民的生命财产安全，造成的损失无法估量。

大兴安岭森林火灾造成的危害恢复历经了二十年

1987年5月6日发生于大兴安岭地区西林吉、图强、阿木尔和塔河等4个林业局的几处林场火灾，造成的损失和危害归纳为以下四个特点：

1. 过火面积大

整个火灾过火面积133万公顷，外加1个县城、4个林业局镇、5个贮木场等。

2. 燃烧时间长

从5月6日发现起火，到6月2日，历时28天才将明火、余火、暗火全部熄灭。

3. 损失巨大

此次火灾造成人民生命财产、国家森林资源损失惨重。火场总面积为1.7万平方千米，森林受害面积101万公顷，受灾居民1万多户，灾民5万余人。直接经济损失5亿多元，间接损失60多亿元，还未包括重建费用和林木再生资源的损失，以及多年后林木减产，林区人员重新安置的费用，如果算上环境恶化的因素，这些损失几乎可以超过200亿元。

4. 死伤及受灾人数多

火灾中丧生211人，烧伤266人。1万余户、5万余人流离失所。这还不算失踪人员和林区大量的外来流动人口。

营林专家介绍说，经过20年的恢复和保护，火烧迹地上重新长起了大片树林。火烧区恢复面积已超过96万公顷，森林覆被率由1987年火灾后的61.5%提高到87%以上，动植物种群基本得到了恢复。目前，大兴安岭北部4个林业局火烧迹地上的落叶松、云杉、樟子松等更新林最高的已超过20米，林冠下各种野生植物枝繁叶茂。森林涵养水源、防风固沙、净化空气、改善气候等方面的功能也基本得到了恢复。

六、森林草原火灾的预防

（一）严格按照火险等级预警信息组织开展防火工作

1. 森林草原火险分为四个等级

根据森林草原火险指标、火行为特征和可能造成的危害程度，森林草原火险预警划分为四个等级，从高到低依次分为红色预警、橙色预警、黄色预警和蓝色预警。

2. 预警信息的组织和发布

预警信息由应急管理部门组织各级林、草、公安和气象主管部门联合制作森林草原火险预警信息，通过预警信息发布平台和广播、电视、报刊、网络、微信公众号以及应急广播等方式向涉险区域相关部门和社会公众发布。

3. 有关部门严格按照森林草原火险等级预警信息落实防火措施，组织开展防火工作。

（二）加强火险天气防火管理

火险天气是指具备发生森林草原火灾条件的天气、气象条件等。如气温升高，相对湿度较小，气候干燥，降水少，刮大风等。在这种天气条件下，一旦有了火源就极易引发森林草原火灾。

（三）加强火灾多发季节防火管理

冬、春、秋等干旱季节是森林草原火灾的多发季节。

冬季风干物燥且湿度低，枯草落叶等含水量极小，一旦发生火灾就会迅速蔓延。春季是春耕备耕时节，野外用火、农事用火比较频繁，容易引发火灾。秋季是收获的季节，农产品废弃物比较多，焚烧这些废弃物的习惯也是极大的火灾隐患。

（四）管理部门严格落实防火措施

1. 严禁游人携带打火机、火柴等火种进入森林草原防火区域或森林公园等自然风景区域。

严禁游人携带打火机、火柴等火种进入森林草原防火区域或森林公园等自然风景区域

2.机动车进入森林草原防火区域,必须按规定在排气管上安装防火罩。

在排气管上安装防火罩能够有效熄灭尾气中的火星

3.严禁游人在森林草原防火区域或森林公园等进行烧烤、野炊、点燃篝火等活动。

4.严格控制户外大风天气开展电焊等动火作业,严格按照有关森林草场消防安全作业规定执行。

5.施工作业现场及时清理,扫除木屑、污垢等可燃物。

6.农牧区,严禁乱倒火灰、火烬等。

7.严禁在山林草场烧香和焚烧纸烛。

8.认真落实森林草场消防应急预案并定期组织演练。

9.积极组织开展森林草原消防安全知识的宣传活动。

（五）牢记森林草原防火"十个不"

1. 不带火种进入森林草原。

2. 不在森林草原吸烟。

3. 不在森林草原野炊。

4. 不在森林草原烧纸、上香。

5. 不在森林草原燃放烟花爆竹。

6. 不在森林草原用火驱赶野生动物。

7. 不烧荒。

8. 特殊人群和未成年人不玩火。

9. 不在森林草原打火把照明。

10. 不在森林草原生火取暖。

案例一：村民违规野外用火引发森林火灾

2023年4月11日16时许，某镇一村附近发生山火，经3000余名灭火人员近5个昼夜的扑救，着火点被全部扑灭。

此次火灾原因系当地村民违规野外用火所致。

案例二：禁火区域随意倾倒燃烧残渣引发森林火灾

2017年5月2日，某林场发生森林火灾，过火面积多达11 500公顷，受害森林面积8281.58公顷，历经三昼夜的扑救，外线明火被全部扑灭。

此次火灾原因是管护站司炉工在禁火区域随意倾倒燃烧残渣剩余物。

案例三：作业人员违反操作规程和野外吸烟引发森林火灾

1987年5月6日，某林场工作人员在清林作业中，因野外吸烟和启动割灌机引燃了地上的汽油造成火灾。而在灭火时也只是熄灭了明火，却没有打净残火余火，致使火势失控。